# 안전심리 척도개발 및 사용자 매뉴얼

김직호 교수 저

한국재난안전심리연구원

# 목    차

# 제1장. 안전심리 척도개발

# 제1절. 안전심리 검사의 개발 목표와 구성

## 1. 검사의 개발 목표

　안전심리 검사는 일용직 작업자를 대상으로 개인의 안전과 관련한 심리적 특성과 상태를 파악하기 위한 검사이다. 일용직 작업자의 경우 전문기술을 보유하였거나 작업에 대한 숙련도가 높지만 단기적 계약관계로 인해 고용자는 피고용자에 대해 잘 모르고, 피고용자는 고용업체의 작업환경에 대해 익숙하지 않은 등 고용자와 피고용자 모두 서로의 특성과 상태를 깊고 전반적으로 파악하기 어렵다. 따라서 일용직 작업자의 개인적 수준의 요인들을 파악하는 것은 작업상의 위험을 피하고 안전을 도모하기 위해 반드시 필요하며, 개인적 수준에 관한 안전심리 검사는 안전문제 예방의 효율적인 방안이 될 수 있다. 특히 일용직 작업자의 경우 정규직과 달리 짧은 시간 내에 집중적이면서 안전하게 작업을 수행해야 하는 특성을 보이는 바 안전문화나 풍토를 포함하는 정규직 대상의 안전의식 검사와 차별화가 필요하다. 이에 개인적 특성과 상태적 요소를 집중적으로 파악하기 위해 세부요인을 인지, 동기, 정서, 건강, 성향, 행동 요인으로 나누고 안전한 작업에 필요한 개인의 준비태세와 관련한 요인을 종합적으로 파악하려고 한다.

## 2. 검사의 구성

　1) 인지: 안전과 관련한 지식에 관한 요인으로서, 안전은 높이고 위험은 낮추는 것에 관한 정보와 경험의 수준을 보여준다.
　2) 동기: 안전에 대한 신념과 직업에 대한 가치의 종합적 수준으로서, 안전은 중요한 가치를 지니며 사고는 언제든 일어날 수 있다는 태도를 보여준다.
　3) 정서: 스트레스와 정서의 조절에 관한 요인으로서, 스트레스와 부정적 정서를 조절하여 정서적 안정성을 얼마나 잘 유지하고 있는지를 보여준다.
　4) 행동: 안전과 관련한 행동의 실천에 관한 요인으로서, 규칙과 절차에 따라 직무에 집중하는 정도를 보여준다.
　5) 성향: 안전을 유지하고 사고를 낮출 수 있는 개인의 성향에 관한 요인

으로서, 평상시 성실하고 조심스럽고, 자신감과 책임감 있게 직무를 수행하는 정도를 보여준다.

6) 건강: 신체와 뇌 기능에 관한 종합적 요인으로서, 활동과 사고의 기능이 떨어지고 실수나 오류가 자주 발생하는 정도를 보여준다.

## 3. 선행연구 조사

사고 위험성을 줄이고 안전을 도모하기 위해 필요한 개인적 요인들을 검토한 결과, 안전수준을 높일 수 있는 변인들은 인지실패, 성실성, 직무스트레스, 안전통제 신념, 정서적 안정성(이원영, 2006)과 안전지식, 안전신념, 안전행동(김직호, 2020)이 있다. 김직호(2020)의 연구에서 안전지식, 안전신념, 안전행동은 집단수준의 공유된 신념에 해당하는 안전의식과 달리 개인적이며 교육과 훈련에 의해 변화 가능한 안전과 관련한 개념인 안전몰입으로 수렴되었으며, 안전몰입은 안전분위기, 안전성향과 유의한 관계를 보이며, 안전분위기와 안전의식을 통제하고도 안전사고를 유의하게 설명하였다. 이들 각각의 하위 요인들의 특성을 살펴보면, 인지실패는 인지기능의 고장으로 평상시에 아무 문제가 없다가도 과제 실행의 실수를 하게 하는 것(Martin, 1983)으로 안전행동과는 안전사고와 상관이 유의하였다(이원영, 2006). 성실성은 성격 5요인 중 직무 수행을 유의하게 예측하는 대표적 요인으로서 (Barrick & Mount, 1991), 열심히 일하고, 신중하고 철저하며 책임감과 계획성을 가지는 것을 말한다(이원영, 2006). 스트레스는 운전사고(Guastello, 1991)뿐만 아니라 산업사고(Salminen, 1992)의 원인이 된다. 통제신념은 자신의 노력으로 사고를 피할 수 있다는 내적 귀인신념과 노력해도 피할 수 없다는 외적 귀인신념에 관한 것으로 안전에 대한 외적통제신념을 가지는 경우 사고와 밀접한 관계를 보인다(박영호, 2000). 정서적 안정성은 정서적으로 안정되고 평안한 것에 관한 것으로 정서적 안정성이 낮은 사람의 경우 더 많은 사고를 보고하는 것으로 나타 났다(정재우, 2000). 안전지식은 사고위험요인에 대한 지식이나 정보의 수준을 말하며 안전지식은 안전사고를 유의하게 예측하였다(김직호, 2020). 안전신념은 안전규정과 절차를 지키는 것과 같이 안전행동을 실제 이행하려는 신념이나 자기 의지에 해당하는 것으로서 안전신념이 높은 경우 인지실패와 안전사고가 낮게 나타났다(김직호, 2020). 안전행동은 규칙과 절차를 준수하는 것에 관한 요인으로서 안전사고와 유의미한 부적 상관(r = -.13)을 보이며(김직호, 2020), 사고운전자를 유의하게 예측해주는 요인으로 나타났다(박영호, 2000).

　이러한 선행연구를 바탕으로 개인차원의 요인으로 안전지식에 관한 인지요인, 안전신념과 일에 대한 의미감에 관한 동기요인, 안전규범의 실천에 관한 행동요인, 스트레스로부터 자신의 정서를 조절하는 것에 관한 정서요인과 타고나거나 오랜 경험을 통해 확립된 성격과 기질을 포함하는 성향요인, 그리고 뇌기능과 신체 기능상의 상태를 포함하는 건강요인을 안전심리 검사에 포함시켰다.

　이러한 구성요인에 근거하여 본 검사의 안전심리란 작업의 위험도와 복잡성을 감안하여 위험을 피하고 안전을 도모하기 위해 필요한 개인수준의 인지, 동기, 정서, 행동, 성향과 더불어 안전과 관련된 사고기능과 신체기능상의 건강을 고려한 종합적 수준을 말한다. 각 하위요인의 구성개념과 예시문항은 다음과 같다.

표 1. 안전심리검사 구성요인의 개념과 예시문항

| 하위<br>요인 | 개념 및 예시문항 |
| --- | --- |
| 인지<br>요인 | 안전과 관련한 지식에 관한 요인으로서, 안전은 높이고 위험은 낮추는 것에 관한 정보와 경험의 수준(7문항)<br>■ 안전에 도움이 되는 정보를 많이 알고 있다. |
| 동기<br>요인 | 안전에 대한 신념과 직업에 대한 가치의 종합적 수준(6문항)<br>■ 조심하더라도 사고는 언제든지 일어날 수 있다. |
| 정서<br>요인 | 스트레스와 정서의 조절에 관한 요인으로서, 스트레스와 부정적 정서를 조절하여 정서적 안정성을 얼마나 잘 유지하는 수준(14문항)<br>■ 스트레스 때문에 작업에 집중할 수가 없다. |
| 행동<br>요인 | 안전과 관련한 행동의 실천에 관한 요인으로서, 규칙과 절차에 따라 직무에 집중하는 정도(6문항)<br>■ 나는 자발적으로 안전지침을 준수한다. |
| 성향<br>요인 | 안전을 유지하고 사고를 낮출 수 있는 개인의 성향에 관한 요인으로서, 평상시 성실하고 조심스럽고, 자신감과 책임감 있게 직무를 수행하는 정도(12문항)<br>■ 나는 맡은 일을 잘한다는 소리를 자주 듣는다. |
| 건강<br>요인 | 신체와 뇌 기능에 관한 종합적 요인으로서, 활동과 사고의 기능이 떨어지고 실수나 오류가 자주 발생하는 정도(8문항)<br>■ 몸이 자주 아프다. |

# 제2절. 검사의 개발 절차와 연구 결과

## 1. 검사의 개발 절차

1) 진단영역 수립
- 문헌조사(선행 연구 자료 검토)
- 영역 도출
- 발전소 일용직 업무특성 조사

2) 문항개발
- 예비문항 개발(100문항 내외)
- 안면타당도 검토
- 예비검사 및 분석
- 설문문항 확정 및 서부발전 검토
3) 설문시범실시 및 해석 매뉴얼 작성
- 설문 시범실시
- 해석매뉴얼 작성

## 2. 예비검사 결과

1) 예비검사 대상자 특성

총 170명의 응답자의 근무지별, 협력사별, 직군별, 성별, 연령대별, 근무연수별 응답자 분포는 다음과 같다.

표 2. 1차 예비 응답자 빈도

| 구분 | 빈도 | 백분율 | 누적빈도 | 누적백분율 |
|---|---|---|---|---|
| 근무지별 | | | | |
| 태안 | 2 | 1.2 | 2 | 1.2 |
| 평택 | 59 | 34.7 | 61 | 35.9 |
| 서인천 | 95 | 55.9 | 156 | 91.8 |
| 무응답 | 14 | 8.2 | 170 | 100.0 |
| 협력사별 | | | | |

| | | | | |
|---|---|---|---|---|
| A사 | 10 | 5.9 | 10 | 5.9 |
| B사 | 92 | 54.1 | 102 | 60.0 |
| C사 | 54 | 31.8 | 156 | 91.8 |
| D사 | 1 | 0.6 | 157 | 92.4 |
| E사 | 4 | 2.4 | 161 | 94.7 |
| 무응답 | 9 | 5.3 | 170 | 100.0 |
| **직군별** | | | | |
| 사무 | 12 | 7.1 | 12 | 7.1 |
| 기계(용접) | 98 | 57.6 | 110 | 64.7 |
| 전기/통신 | 26 | 15.3 | 136 | 80.0 |
| 보통인부 | 4 | 2.4 | 140 | 82.4 |
| 청소/청경 | 8 | 4.7 | 148 | 87.1 |
| 시설유지보수 | 7 | 4.1 | 155 | 91.2 |
| 기타 | 4 | 2.4 | 159 | 93.5 |
| 무응답 | 11 | 6.5 | 170 | 100.0 |
| **연령별** | | | | |
| 20대 | 12 | 7.1 | 12 | 7.1 |
| 30대 | 39 | 22.9 | 51 | 30.0 |
| 40대 | 37 | 21.8 | 88 | 21.8 |
| 50대 | 51 | 30.0 | 139 | 81.8 |
| 60대이상 | 25 | 14.7 | 164 | 14.7 |
| 무응답 | 6 | 3.5 | 170 | 100.0 |
| **성별** | | | | |
| 남 | 151 | 88.8 | 151 | 88.8 |
| 여 | 11 | 6.5 | 162 | 95.3 |
| 무응답 | 8 | 4.7 | 170 | 100.0 |
| **근무연수별** | | | | |
| 15년이상 | 60 | 35.3 | 60 | 35.3 |
| 10~14년 | 33 | 19.4 | 93 | 54.7 |
| 5~9년 | 38 | 22.4 | 131 | 77.1 |
| 1~4년 | 27 | 15.9 | 158 | 92.9 |
| 1년미만 | 7 | 4.1 | 165 | 97.1 |
| 무응답 | 5 | 2.9 | 170 | 100.0 |

2) 안전심리 요인간 상관 및 내적 합치도

안전심리 하위 요인간 상관계수는 0.37에서 0.85의 범위로 나타났고 모든 상관은 유의도 .001수준에서 유의하였다. 하위요인간의 상관이 유의하다는 점에서 인지, 동기, 정서, 행동, 성향, 건강요인을 안전심리의 구성개념으로 수렴이 가능한 것으로 나타났다.

하위 요인별 내적합치도는 동일한 요인에 해당하는 문항에 대해서는 비슷하게 응답을 하는지 여부를 알 수 있고, 일반적인 기준은 .70 정도면 좋은 내적합치도에 해당하고, .60이상이면 양호하다고 본다. 본 검사에서 요인별 내적 합치도는 .68에서 .94의 범위를 보여 모두 양호한 수준 이상으로 나타났다.

표 3. 안전심리 하위요인간 상관 및 내적 합치도

| 요인 | 인지<br>요인 | 동기<br>요인 | 정서<br>요인 | 건강<br>요인 | 행동<br>요인 | 성향<br>요인 | 안전<br>심리 |
|---|---|---|---|---|---|---|---|
| 인지요인 | (0.94) | | | | | | |
| 동기요인 | 0.44 | (0.68) | | | | | |
| 정서요인 | 0.40 | 0.57 | (0.90) | | | | |
| 건강요인 | 0.37 | 0.46 | 0.85 | (0.88) | | | |
| 행동요인 | 0.60 | 0.60 | 0.71 | 0.60 | (0.88) | | |
| 성향요인 | 0.50 | 0.55 | 0.63 | 0.58 | 0.69 | (0.83) | |
| 안전심리 | 0.69 | 0.75 | 0.87 | 0.81 | 0.87 | 0.81 | (0.89) |

※ 모든 상관은 유의도 .001수준에서 유의하며, 대각선의 ( )는 내적합치도를 나타냄.

3) 준거타당도

안전심리(인지, 동기, 정서, 건강, 행동, 성향의 종합)는 자신의 직업을 가치있게 보는 정도에 관한 직업의미감, 일반적인 건강상태, 직무몰입, 안전문화와 모두 정적이며, 유의한 상관계수를 가진 것으로 나타났다. 인지요인과 건강상태 간의 상관계수는 유의도 .01수준에서 유의하였고, 나머지 요인간 상관계수는 모두 유의도 .001수준에서 유의하였다. 즉 안전심리가 높다는 것은 인지, 동기, 정서, 건강, 행동, 성향요인의 종합이 높은 것으로서 직무에 집중하고 양호한 건강상태를 유지하며 직업을 더 가치 있게 인식할 뿐만 아니라 높은 안전문화에 영향을 주거나 받을 수 있음을 보여준다.

표 4. 예비검사 1차 준거타당도

| 구분 | 직업<br>의미감 | 건강<br>상태 | 직무<br>몰입 | 안전<br>문화 |
|---|---|---|---|---|
| 인지요인 | 0.57 | 0.24** | 0.38 | 0.56 |
| 동기요인 | 0.57 | 0.33 | 0.46 | 0.57 |
| 정서요인 | 0.46 | 0.68 | 0.39 | 0.64 |
| 건강요인 | 0.58 | 0.38 | 0.6 | 0.71 |
| 행동요인 | 0.53 | 0.33 | 0.55 | 0.65 |
| 성향요인 | 0.39 | 0.83 | 0.31 | 0.55 |
| 안전심리 | 0.64 | 0.59 | 0.55 | 0.76 |

## 3. 시범실시

1) 시범검사 대상자 특성

총 113명의 응답자의 근무지별, 협력사별, 직군별, 성별, 연령대별, 근무연수별 분포는 다음과 같다. 이 중 불성실응답자 1인을 제외한 112명의 자료를 분석에 활용하였다.

표 5. 2차 예비 응답자 빈도

| 구분 | 빈도 | 백분율 | 누적빈도 | 누적백분율 |
|---|---|---|---|---|
| 근무지별 | | | | |
| 태안 | 105 | 92.9 | 105 | 92.9 |
| 무응답 | 8 | 7.1 | 113 | 100.0 |
| 협력사별 | | | | |
| A사 | 40 | 35.4 | 40 | 35.4 |
| D사 | 17 | 15.0 | 57 | 50.4 |
| F사 | 39 | 34.5 | 96 | 85.0 |
| G사 | 15 | 13.3 | 111 | 98.2 |
| 무응답 | 2 | 1.8 | 113 | 100.0 |
| 직군별 | | | | |
| 사무 | 14 | 12.4 | 14 | 12.4 |
| 기계(용접) | 31 | 27.4 | 45 | 39.8 |

| | | | | |
|---|---|---|---|---|
| 전기/통신 | 21 | 18.6 | 66 | 58.4 |
| 화공 | 1 | 0.9 | 67 | 59.3 |
| 건설(비계) | 1 | 0.9 | 68 | 60.2 |
| 청소/청경 | 28 | 24.8 | 96 | 85.0 |
| 시설유지보수 | 1 | 0.9 | 97 | 85.8 |
| 기타 | 1 | 0.9 | 98 | 86.7 |
| 무응답 | 15 | 13.3 | 113 | 100.0 |
| 연령별 | | | | |
| 20대 | 13 | 11.5 | 13 | 11.5 |
| 30대 | 20 | 17.7 | 33 | 29.2 |
| 40대 | 28 | 24.8 | 61 | 24.8 |
| 50대 | 33 | 29.2 | 94 | 83.2 |
| 60대이상 | 15 | 13.3 | 109 | 13.3 |
| 무응답 | 4 | 3.5 | 113 | 100.0 |
| 성별 | | | | |
| 남 | 81 | 71.7 | 81 | 71.7 |
| 여 | 27 | 23.9 | 108 | 95.6 |
| 무응답 | 5 | 4.4 | 113 | 100.0 |
| 근무연수별 | | | | |
| 15년이상 | 28 | 24.8 | 28 | 24.8 |
| 10~14년 | 16 | 14.2 | 44 | 38.9 |
| 5~9년 | 25 | 22.1 | 69 | 61.1 |
| 1~4년 | 36 | 31.9 | 105 | 92.9 |
| 1년미만 | 4 | 3.5 | 109 | 96.5 |
| 무응답 | 4 | 3.5 | 113 | 100.0 |

2) 안전심리 구성요인간 상관 및 내적 합치도

안전심리 하위 요인간 상관계수는 0.35에서 0.80의 범위로 나타났고 모든 상관은 유의도 .001수준에서 유의하여 예비설문 1과 유사한 결과를 보였다. 예비설문 1의 결과와 같이 하위요인간의 상관이 유의하다는 점에서 인지, 동기, 정서, 행동, 성향, 건강요인을 안전심리의 구성개념으로 수렴이 가능한 것으로 나타났다.

하위 요인별 내적합치도는 동일한 요인에 해당하는 문항에 대해서는 비슷하게 응답을 하는지 여부를 알 수 있고, 일반적인 기준은 .70 정도면 좋은 내적합치도에 해당하고, 내적합치도 .60이상이면 양호하다고 본다. 본 검사에서 요인별 내적 합치도는 .64에서 .88의 범위를 보여 모두 양호한 수준 이상으로 나타났다. 이러한 결과는 예비설문의 결과와 비슷하였다.

표 6. 안전심리 요인간 상관 및 내적 합치도

| 구분 | 인지요인 | 동기요인 | 정서요인 | 건강요인 | 행동요인 | 성향요인 | 안전심리 |
|---|---|---|---|---|---|---|---|
| 인지요인 | (0.83) | | | | | | |
| 동기요인 | 0.49 | (0.64) | | | | | |
| 정서요인 | 0.53 | 0.35 | (0.87) | | | | |
| 건강요인 | 0.45 | 0.38 | 0.80 | (0.86) | | | |
| 행동요인 | 0.61 | 0.49 | 0.60 | 0.62 | (0.76) | | |
| 성향요인 | 0.52 | 0.39 | 0.63 | 0.62 | 0.72 | (0.80) | |
| 안전심리 | 0.75 | 0.64 | 0.84 | 0.84 | 0.84 | 0.81 | (0.88) |

※ 모든 상관은 유의도 .001수준에서 유의하며, 대각선의 ( )는 내적신뢰도를 나타냄.

3) 준거타당도

안전심리(인지, 동기, 정서, 건강, 행동, 성향의 종합)는 자신의 직업을 가치있게 보는 정도에 관한 직업의미감, 일반적인 건강상태, 직무몰입, 안전문화와 모두 정적이며, 유의한 상관계수를 가진 것으로 나타났다. 인지요인과 건강상태, 동기요인과 건강상태, 동기요인과 직무몰입 간의 상관계수만 유의도 .01수준에서 유의하였고, 나머지 요인간 상관계수는 모두 유의도 .001수준에서 유의하였다. 즉 예비설문과 마찬가지로 안전심리가 높다는 것은 인지, 동기, 정서, 건강, 행동, 성향요인의 종합이 높은 것으로서 직무에 집중하고 양호한 건강상태를 유지하며 직업을 더 가치 있게 인식할 뿐만 아니라 높은 안전문화에 영향을 주거나 받을 수 있음을 보여준다.

표 7. 시범실시 검사의 준거타당도

| 구분 | 직업<br>의미감 | 건강<br>상태 | 직무<br>몰입 | 안전<br>문화 |
|------|------|------|------|------|
| 인지요인 | 0.43 | 0.25 | 0.37 | 0.55 |
| 동기요인 | 0.43 | 0.23 | 0.30 | 0.35 |
| 정서요인 | 0.43 | 0.67 | 0.42 | 0.60 |
| 행동요인 | 0.48 | 0.38 | 0.62 | 0.64 |
| 성격요인 | 0.43 | 0.44 | 0.64 | 0.64 |
| 건강요인 | 0.39 | 0.66 | 0.46 | 0.61 |
| 총합요인 | 0.54 | 0.57 | 0.58 | 0.71 |

## 4. 예비검사와 시범실시 결과비교

예비검사와 시범실시 평균치를 비교한 결과는 표 8과 같다. 정서, 행동, 건강요인 뿐만 아니라 전체 요인의 총점에 해당하는 안전심리에서도 예비검사와 시범실시의 결과가 통계적으로 유의한 차이를 보였다. 해당 요인에서 예비검사 집단의 평균점수가 시범실시 집단의 평균점수보다 높게 나타나 정서문제, 건강문제, 불안전한 성향이 덜한 것으로 해석될 수 있다. 또한 응답한 집단 간에 안전문화와 작업난이도 비교에서 예비검사 집단이 시범실시 집단보다 높은 수준을 보였고, 그 차이는 통계적으로 유의하였다.

표 8. 예비검사와 시범실시 집단의 안전심리 검사점수 비교

| 구분 | 예비검사 | | 시범실시 | | $t$ |
|------|------|------|------|------|------|
| | 평균 | 표준편차 | 평균 | 표준편차 | |
| 인지요인 | 4.38 | 0.52 | 4.27 | 0.47 | 1.90 |
| 동기요인 | 4.33 | 0.52 | 4.23 | 0.47 | 1.79 |
| 정서요인 | 3.95 | 0.53 | 3.73 | 0.55 | 3.43*** |
| 건강요인 | 3.98 | 0.56 | 3.81 | 0.59 | 2.39* |
| 행동요인 | 4.18 | 0.54 | 4.07 | 0.45 | 1.81 |

| | | | | | |
|---|---|---|---|---|---|
| 성향요인 | 4.00 | 0.40 | 3.85 | 0.42 | 3.04** |
| 안전심리 | 4.14 | 0.41 | 3.99 | 0.39 | 2.96** |
| 안전문화 | 4.07 | 0.51 | 3.81 | 0.52 | 4.20*** |
| 작업난이도 | 2.73 | 0.83 | 2.41 | 0.73 | 3.28** |

*p < .05, ** p < .01, *** p < .001.

이러한 차이는 응답직군과 성별비율이 차이가 나는 등 응답집단의 구성이 다른 점이 원인으로 작용했을 가능성이 있다. 직군의 경우 예비검사에서는 기계(용접) 직군이 61.64%로 대다수를 차지한 반면 시범실시에서는 청소/청경이 28.57%이고 전기/통신이 21.43%로 기계(용접)의 31.63%와 근사한 비율을 보인다. 또한 안전문화와 작업난이도의 차이도 두 집단 간 안전심리 점수 차이의 원인으로 작용했을 가능성이 있다.

두 집단 간 점수 차이를 확인하기 위해 회귀분석을 실시한 결과를 다음 표에 제시하였다. 직무와 성별의 효과를 통제하고 안전문화와 작업특성이 안전심리 점수에 미치는 효과를 확인한 결과, 안전문화만 유의하게 정적인 효과를 가지는 것으로 나타났다. 즉 안전문화를 높게 인식할수록 인지, 동기, 정서, 행동, 성격, 건강의 전반적인 수준을 나타내는 안전심리가 높게 나타난다.

표 9. 예비검사 집단과 시범실시 집단의 안전심리 점수의 영향요인에 대한 회귀분석

| 변수 | 자유도 | 회귀계수 | 표준오차 | $t$ |
|---|---|---|---|---|
| 절편 | 1 | 1.95 | 0.17 | 11.19*** |
| 직무 | 1 | -0.02 | 0.01 | -1.70 |
| 성별 | 1 | 0.00 | 0.06 | 0.01 |
| 안전문화 | 1 | 0.56 | 0.03 | 16.98*** |
| 작업특성 | 1 | -0.01 | 0.02 | -0.54 |
| $R^2$ = 0.56 | | | | |

*p < .05, ** p < .01, *** p < .001.

# 제3절. 검사 점수의 산출 및 결과의 활용

## 1. 검사 점수의 산출

1) 각 요인별 응답평균산출

    예) 안전지식요인의 문항응답의 합산/문항수(7)

2) 비율점수 산출

    비율점수 = (요인별 응답평균/5)*100

3) 등급 구분- 응시자 집단의 특성에 따라 등급별 분포가 달라질 수 있어 경우에 따라 점수기준의 조정이 필요할 수 있습니다.

표 10. 등급 구분

| 점수기준 | 등급 | 분포 |
|---|---|---|
| 90이상 | 매우 우수 | 약 25% |
| 80이상-90미만 | 우수 | 약 25% |
| 70이상 80미만 | 보통 | 약 40% |
| 70미만 | 미흡 | 약 10% |

# 2. 결과의 해석

표 11. 검사결과 소견

| 구분 | 매우 우수<br>(90점 이상)<br>(상위 약 25%) | 우수<br>(80점이상~90점미만)<br>(약25%) | 보통<br>(70점이상~80점미만)<br>(약 40%) | 미흡<br>(70점 미만)<br>(약 10%) |
|---|---|---|---|---|
| 안전<br>심리 | 안전심리는 안전과 관련한 개인의 인지, 동기, 정서, 행동, 성향과 더불어 건강요인을 종합적으로 고려한 수준입니다. 귀하의 안전과 관련한 심리적 요인은 전반적으로 매우 높은 수준으로 개인적인 관리가 잘 되고 있습니다. 앞으로도 안전과 관련한 개인관리에 많은 노력과 주의를 기울여 주시기 바랍니다. | 안전심리는 안전과 관련한 개인의 인지, 동기, 정서, 행동, 성향과 더불어 건강요인을 종합적으로 고려한 수준입니다. 귀하의 안전과 관련한 심리적 요인은 전반적으로 높은 편입니다. 그러나 부족한 부분을 더 높일 수 있도록 적극적인 개인 관리에 힘써주시기 바랍니다. | 안전심리는 안전과 관련한 개인의 인지, 동기, 정서, 행동, 성향과 더불어 건강요인을 종합적으로 고려한 수준입니다. 귀하의 안전과 관련한 심리적 요인은 보통 수준입니다. 부분적으로 또는 전반적으로 부족한 부분을 높일 수 있도록 안전심리 전문가의 도움이나 안전 교육을 받아보시기 바랍니다. | 안전심리는 안전과 관련한 개인의 인시, 동기, 정서, 행동, 성향과 더불어 건강요인을 종합적으로 고려한 수준입니다. 귀하의 안전심리는 적극적인 개선의 노력이 필요한 수준으로 보입니다. 평소 안전과 관련한 귀하의 태도와 행동을 주의 깊게 돌아보고 안전에 위협이 될만한 부분을 개선하기 위해 전문가의 도움과 교육을 적극적으로 받아보시기 바랍니다. |
| 인지<br>요인 | 안전과 관련한 다양한 지식을 경험을 통해 갖추고 있습니다. 앞으로도 교육 등을 통해 사고 예방에 필요한 정보를 습득하고 주변사람들에게도 본인의 노하우를 공유하려고 노력한다면 조직의 안전을 높이는데 큰 도움이 될 것입니다. | 대부분의 안전 문제를 처리할 수 있는 안전 지식을 가지고 있습니다. 앞으로도 꾸준히 안전 관련 정보를 습득하여 부족한 부분을 개선하는데 주의를 기울여 주시기 바랍니다. | 안전문제를 처리할 수 있는 정도의 안전 지식을 가지고 있습니다. 그러나 자율적으로 안전과 관련한 지식을 습득하기 위해 노력한다면 조직의 안전을 높이는데 큰 도움이 될 것입니다. | 안전과 사고에 관한지식이 부족할 수 있습니다. 안전 관련 규정, 절차, 대처방법등을 충분히 습득하기위해 별도의 노력이 필요할 수 있습니다. |

| 구분 | 매우 우수<br>(90점 이상)<br>(상위 약 25%) | 우수<br>(80점이상~90점미만)<br>(약25%) | 보통<br>(70점이상~80점미만)<br>(약 40%) | 미흡<br>(70점 미만)<br>(약 10%) |
|---|---|---|---|---|
| 동기<br>요인 | 개인의 성과나 동료와 좋은 관계보다 안전규정과 절차의 준수를 더 중요시하는 편입니다. 안전에 대한 신념을 꾸준히 유지할 뿐만 아니라 주변에도 전파하려고 노력해 주시기 바랍니다 | 대체로 성과나 관계보다 안전규정과 절차의 준수를 더 중요시하고 안전에 대한 신념을 유지하는 편입니다. 무의식적으로 안전규정을 어기고 타협하지 않도록 꾸준히 주의를 기울일 필요가 있습니다. | 안전규정과 절차가 중요하다는 점을 알고 있을 수 있으나 상황에 따라 유동적일 수 있습니다. 안전의 의미를 되돌아 보고 안전에 대한 경각심을 유지할 필요가 있습니다. | 안전규정과 절차가 중요하다는 생각보다 불편하다는 생각이 클 수 있습니다. 따라서 안전이 개인뿐만 아니라 동료들에게 미치는 영향을 주의 깊게 되새겨볼 필요가 있습니다. |
| 정서<br>요인 | 정서적으로 건강하고 평소 정서적인 문제를 잘 조절하여 일과 생활에 있어서 매우 안정적인 모습을 보입니다. 꾸준히 자신의 감정 상태를 돌아보고 보살펴 주시기 바랍니다. | 정서적으로 건강한 편이고, 정서적인 문제도 낮은 편입니다. 그러나 부분적으로 조절하기 어려운 기분이 들 수 있으므로 평소에도 꾸준히 스트레스를 낮추고 자신을 관리하려는 노력이 필요합니다. | 평소 스트레스 수준에 따라 기분이 조절이 안되거나 불행하다는 생각이 가끔 발생할 수 있습니다. 그런 기분이 더욱 자주 발생하지 않도록 평상시 이완훈련이나 정서조절훈련을 통해 자기 관리에 주의를 기울여 주시기 바랍니다. | 스트레스로 불편함을 자주 느끼고 화가 나거나 우울하거나 불안한 기분을 조절하기 어려울 수 있습니다. 평소 불행하다는 생각이 계속된다면 개인의 삶과 일에 지장을 줄 수 있으며 전문가의 도움이 필요할 수 있습니다. |
| 건강<br>요인 | 사고기능과 신체기능이 매우 건강한 편입니다. 일과 생활에서 잘 집중하고 그에 따라 좋은 성과를 거두는 편입니다. 평소에도 꾸준히 건강에 도움이 되는 휴식과 운동을 유지하시기 바랍니다. | 사고기능과 신체기능이 건강하고 일과 생활을 큰 불편함 없이 잘 유지하는 하는 편입니다. 사고기능과 신체기능이 더 좋아지도록 휴식과 운동을 병행할 필요가 있습니다. | 생활이나 업무 중 착오나 실수가 발생할 수도 있습니다. 그 원인이 사고기능이나 신체기능 때문이 아닌지 점검해보시고 기능이 더 떨어지지 않도록 평소 건강관리에 주의를 더 기울일 필요가 있습니다. | 평소 생활이나 업무 중에 착오나 실수를 일으키거나 몸이 불편한 경우가 더러 발생할 수 있습니다. 만약 이러한 착오나 실수가 더 자주 발생한다면 의료전문가의 조언이나 도움을 받아보시기 바랍니다. |

| 구분 | 매우 우수<br>(90점 이상)<br>(상위 약 25%) | 우수<br>(80점이상~90점미만)<br>(약25%) | 보통<br>(70점이상~80점미만)<br>(약 40%) | 미흡<br>(70점 미만)<br>(약 10%) |
|---|---|---|---|---|
| 행동<br>요인 | 안전지식과 신념을 솔선수범하여 실천하고 점검하고 개선하기 위해 노력합니다. 또한 작업에 주의 깊게 몰입하는 편입니다. | 안전지식과 신념을 자율적으로 실천하고 작업에도 몰입하는 편입니다. 안전행동의 실천과 몰입이 소홀해지지 않도록 주의를 기울여 주시기 바랍니다. | 안전지식과 신념을 대체로 잘 실천합니다. 그러나 경우에 따라 성과, 관계, 휴식 등이 안전에 우선할 수도 있습니다. 안전행동이 습관화하기 위한 노력이 더 필요합니다. | 안전의식이 지식이나 신념 차원에 머물고 있을 수 있습니다. 실천이 어려운 부분을 찾아내고 안전행동을 개선하려는 노력이 필요합니다. |
| 성향<br>요인 | 자신의 몸과 마음을 잘 점검하고 관리하여 직무 수행 시 실수가 적고, 안전하게 수행하여 주변 동료들에게 큰 신뢰감을 줄 뿐만 아니라 긍정적 영향을 주는 편입니다. | 자신의 몸과 마음을 잘 점검하고 관리하여 직무 수행 시 실수가 적고, 안전하게 수행하는 편입니다. 주변 동료들에게 신뢰감을 주고, 긍정적 영향을 줄 수 있도록 자기관리에 좀더 주의를 기울일 필요가 있습니다. | 직무 수행시 대체로 실수가 적고 안전한 경향성을 보입니다. 그러나 간혹 있을 수 있는 안전문제를 대비하여 주의를 기울이고, 성실한 자세를 유지할 필요가 있습니다. | 안전은 차분하고 성실하게 노력한 만큼 얻는 것입니다. 안전사고를 일으킬만한 요소들을 평소 찾아보고 개선한다면 안전문제에 대한 자신감을 개선하는데에 큰 도움이 될 것입니다. |

# 제4절. 시사점 및 보완점

## 1. 시사점

◎ 안전심리검사는 안전과 관련된 인지요인, 동기요인, 정서요인, 행동요인, 성향요인, 건강요인 전반을 한 번에 측정 및 관리할 수 있다.

◎ 안전심리검사는 직업 의미감, 건강상태, 직무몰입, 안전문화와 0.5이상의 상관을 보여 사업장의 안전과 관련된 적절한 준거타당도가 높다고 할 수 있다. 특히, 안전문화와의 상관은 0.71로 준거타당도가 상당히 높게 나타났다.

◎ 안전심리검사는 요인별 점수 구간(매우 우수, 우수, 보통, 미흡)에 따른 검사결과 소견이 작성되어 있어 산업현장의 관리자 및 당사자의 이해가 쉽다.

## 2. 보완점

◎ 보다 더 자세하고 정확한 준거타당도를 파악하기 위해서 차후 년도의 사업 예산 확보 과정을 통해서 최종결과치가 나온 이후의 데이터 값을 이용해서 추가적인 신뢰도 및 타당도 검토를 위한 연구를 수행할 필요성이 있다.

◎ 예비문항 개발 및 시범실시 때의 안전심리검사의 준거타당도가 높은 편이긴 하나, 둘 모두 응답자가 200명 미만이기 때문에 척도의 일반화 과정에 다소의 아쉬움을 보여주고 있다. 따라서 향후 준거타당도 파악을 위한 추가적인 신뢰도 및 타당도 검토를 위한 연구 수행 시 샘플 수를 높일 필요성이 있다.

# 안전심리 척도개발 부록

# OO사 협력사 일용 전문직 안전심리 진단 설문조사

■ 본 설문조사는 OO사의 협력사 일용 전문직원의 안전심리를 진단하기 위해 실시합니다

■ 설문조사 결과는 향후 OO사와 협력회사의 **안전문화 수준 향상**을 위한 기초자료로 활용되며, 개인별 평가를 위한 목적으로 사용하지는 **않습니다.**

■ 설문에는 맞고 틀린 답은 없고, 결과에 대한 비밀이 보장되기 때문에 한 문항도 빠짐없이 솔직하게 응답해주시기 바랍니다.

■ 대답이 어렵거나 혼동되는 경우, 깊이 생각하지 말고 자신이 이해한 대로 응답하시면 **됩니다.**

주관부서 : _____

담 당 자 : _____

1. 안전심리 설문에 적합한 답변 항목에 √ 표를 해주십시오. 모두 100문항입니다.

| 번호 | 설문 문항 | 전혀 아니다 | 아니다 | 그저 그렇다 | 그렇다 | 매우 그렇다 |
|---|---|---|---|---|---|---|
| 1 | 안전사고를 많이 봤다. | | | | | |
| 2 | 나는 내 작업의 안전사항을 잘 알고 있다. | | | | | |
| 3 | 작업 중 일어날 수 있는 사고위험요인을 잘 알고 있다. | | | | | |
| 4 | 작업에 필요한 보호장비를 잘 알고 있다 | | | | | |
| 5 | 안전에 도움이 되는 정보를 많이 알고 있다. | | | | | |
| 6 | 나는 작업 전 점검사항을 잘 알고 있다. | | | | | |
| 7 | 안전교육 시에 적극적으로 참여한다. | | | | | |
| 8 | 나는 안전사고를 줄일 수 있는 교육을 충분히 받았다. | | | | | |
| 9 | 나는 작업을 안전하게 마무리 하는 방법을 잘 알고 있다. | | | | | |
| 10 | 사소한 부주의가 안전사고를 유발할 수 있다. | | | | | |
| 11 | 조심하더라도 사고는 언제든지 일어날 수 있다. | | | | | |
| 12 | 안전규칙을 지키는 것이 모든 사람의 의무이다. | | | | | |
| 13 | 안전은 나의 생명과 연결된다. | | | | | |
| 14 | 사고발생과 안전규정 준수는 관련이 없다. | | | | | |
| 15 | 안전규정은 일을 불편하게 한다. | | | | | |
| 16 | 안전보다 동료와의 관계가 더 중요하다. | | | | | |
| 17 | 성과보다 안전이 더 중요하다. | | | | | |
| 18 | 나는 내 일에서 안전을 가장 중요하게 생각한다. | | | | | |
| 19 | 내가 하는 일은 개인적으로 가치가 있다. | | | | | |
| 20 | 나의 직업활동은 나에게 중요하다. | | | | | |
| 21 | 내 직업에서 내가 하는 일은 의미가 있다. | | | | | |
| 22 | 스트레스 때문에 작업에 집중할 수가 없다. | | | | | |
| 23 | 스트레스는 나를 더 단단하게 만든다. | | | | | |
| 24 | 스트레스는 내 건강을 심각하게 해칠 것이다. | | | | | |
| 25 | 스트레스를 받으면 잘 헤어나지 못한다. | | | | | |
| 26 | 화가 나면 멈추기가 힘들다. | | | | | |
| 27 | 나는 내 결점이 자꾸 신경쓰인다. | | | | | |
| 28 | 나의 부족함으로 인해 주변 사람들과 친해지기 힘들다. | | | | | |

| 번호 | 설문 문항 | 전혀<br>아니다 | 아니다 | 그저<br>그렇다 | 그렇다 | 매우<br>그렇다 |
|---|---|---|---|---|---|---|
| 29 | 세상 사람들은 대부분 나보다 더 행복한 것 같다. | | | | | |
| 30 | 실수를 할 때면 이 일은 나에게 맞지 않는 것 같다는 생각이 든다. | | | | | |
| 31 | 나는 내 실수에 대해 엄격한 편이다. | | | | | |
| 32 | 나는 요즘 작업으로 인해 탈진된 느낌이다. | | | | | |
| 33 | 내가 하는 일은 주변 사람들에게 도움이 된다. | | | | | |
| 34 | 아침에 일어나 일하러 가기가 힘들다 | | | | | |
| 35 | 일을 해도 별로 만족스럽지가 않다. | | | | | |
| 36 | 주변에 믿고 의지할 만한 사람이 없다. | | | | | |
| 37 | 나는 어릴 때 꿈꿨던 삶을 살고 있다. | | | | | |
| 38 | 나는 행복한 삶을 살고 있다. | | | | | |
| 39 | 나는 내 현실에 대해 만족한다. | | | | | |
| 40 | 나는 살아가면서 내가 중요하게 생각하는 것들을 대부분 이루었다. | | | | | |
| 41 | 다시 태어나더라도 지금 상태에서 거의 아무것도 바꾸지 않을 것이다. | | | | | |
| 42 | 주의사항을 자주 잊어버린다. | | | | | |
| 43 | 작업 중에 사소한 실수가 잦다. | | | | | |
| 44 | 나는 작업에 집중하기가 어렵다. | | | | | |
| 45 | 나는 작업이 지루할 때가 자주 있다. | | | | | |
| 46 | 나는 술을 매일 마신다. | | | | | |
| 47 | 요즘 잠을 충분히 못 자는 것 같다. | | | | | |
| 48 | 요즘 몸이 편하지 않다. | | | | | |
| 49 | 몸이 자주 아프다. | | | | | |
| 50 | 최근에 스트레스가 좀 많다. | | | | | |
| 51 | 스트레스로 인해 몸이 좋지 않다. | | | | | |
| 52 | 어떤 작업이더라도 안전절차를 준수한다. | | | | | |
| 53 | 위험지역은 출입하지 않는다. | | | | | |
| 54 | 작업중이던 것이 안전하지 않으면 즉시 멈추고 수정한다. | | | | | |
| 55 | 시간이 걸리더라도 안전하게 일한다. | | | | | |
| 56 | 사소한 위험요소라도 주위에 알린다. | | | | | |
| 57 | 나는 자발적으로 안전지침을 준수한다. | | | | | |
| 58 | 일이 끝나고 난 뒤에도 위험요소는 없었는지 점검해본다. | | | | | |

| 번호 | 설문 문항 | 전 혀 아니다 | 아니다 | 그 저 그렇다 | 그렇다 | 매 우 그렇다 |
|---|---|---|---|---|---|---|
| 59 | 일을 시작하기 전에 안전 관련 주의사항을 떠올려본다. | | | | | |
| 60 | 작업을 할 때 나는 다른 모든 것은 잊을 정도로 몰입한다. | | | | | |
| 61 | 작업을 할 때 나는 종종 다른 생각을 하기도 한다. | | | | | |
| 62 | 다른 사람에 비해 산만하게 일하는 편이다. | | | | | |
| 63 | 내 일을 하고 있으면 시간이 빨리 지나간다. | | | | | |
| 64 | 나는 정말 정성을 담아 일을 한다. | | | | | |
| 65 | 나는 내 일을 잘 수행했을 때 신이 난다. | | | | | |
| 66 | 일이 잘 되든 안되든 내 기분에는 영향을 주지 않는다. | | | | | |
| 67 | 내가 어떻게 일을 잘 수행하는지에 따라 기분이 달라진다. | | | | | |
| 68 | 나는 내 일을 하는데 신경을 많이 쓴다. | | | | | |
| 69 | 나는 오늘 일이 완전히 끝나야 퇴근한다. | | | | | |
| 70 | 나는 가능하면 초과근무는 피한다. | | | | | |
| 71 | 나는 너무 열심히 일하지 않으려고 노력한다. | | | | | |
| 72 | 내가 맡은 작업을 항상 정확하게 처리하려고 애쓴다. | | | | | |
| 73 | 나는 작업을 끝까지 달성하기 위해 노력한다. | | | | | |
| 74 | 나는 동료가 할 수 없는 기술을 발휘하기 위해 힘쓴다. | | | | | |
| 75 | 나는 동료보다 탁월하게 일하려고 최선을 다한다. | | | | | |
| 76 | 내가 맡은 일을 잘한다는 소리를 자주 듣는다. | | | | | |
| 77 | 나는 좀 위험하더라도 아찔한 기분을 위해 모험을 하는 편이다. | | | | | |
| 78 | 장난치며 유쾌하게 일하는 것을 좋아한다. | | | | | |
| 79 | 차분히 일을 처리하는 것이 어렵다. | | | | | |
| 80 | 나는 대체로 괜찮은 사람이라고 생각한다. | | | | | |
| 81 | 나는 어떤 문제가 닥치더라도 잘 해결할 수 있다. | | | | | |
| 82 | 내가 시도하면 대개는 성공한다. | | | | | |
| 83 | 일을 따내는 것은 거의 운에 달렸다. | | | | | |
| 84 | 세상만사 운에 달렸다. | | | | | |
| 85 | 나는 인생이 도박같다고 생각한다. | | | | | |
| 86 | 성공은 노력에 달렸다. | | | | | |
| 87 | 나는 다른 사람의 마음을 바꿀 수 있다. | | | | | |

| 번호 | 설문 문항 | 전혀<br>아니다 | 아니다 | 그저<br>그렇다 | 그렇다 | 매우<br>그렇다 |
|---|---|---|---|---|---|---|
| 88 | 나는 내 마음을 바꿀 수 없다. | | | | | |
| 89 | 안전증진을 위한 자원을 조직원들에게 제공하고 지원한다. | | | | | |
| 90 | 우리 사업장은 안전작업절차가 불충분하다. | | | | | |
| 91 | 작업자들은 현장의 잠재 위험요인을 적극적으로 확인한다. | | | | | |
| 92 | 작업장의 배치와 설계는 안전이 잘 고려되어 있다. | | | | | |
| 93 | 이 사업장은 작업 장비 운영시 안전이 잘 고려되어 있다. | | | | | |
| 94 | 이 사업장은 작업자들이 안전하게 일하도록 서로 독려한다. | | | | | |
| 95 | 이 사업장은 부상이나 아차사고를 보고해도 불이익을 주지 않는다. | | | | | |
| 96 | 안전감독자는 안전사고에 대비할 수 방법을 충분히 전달해준다. | | | | | |
| 97 | 바쁘면 감독자가 작업자의 안전하지 않은 행동에 눈 감아주기도 한다. | | | | | |
| 98 | 내가 하는 작업은 매우 복잡하다. | | | | | |
| 99 | 내가 하는 작업은 아주 위험하다. | | | | | |
| 100 | 내가 하는 작업은 힘들고 어렵다 | | | | | |

## 2. 응답자 기본 사항

■ 다음은 설문 응답자 기본 사항입니다. 자신에게 해당하는 것에 빠짐없이 마크(●) 해주시기 바랍니다.

| 근 무 지 | ○ A시 | ○ B시 | ○ C시 | ○ D시 | ○ 본사 |
|---|---|---|---|---|---|
| 협력회사명 | ○ A사 | ○ B사 | ○ C사 | ○ D사 | |
| | ○ E사 | ○ F사 | ○ G사 | ○ H사 | |
| | ○ I사 | ○ J사 | ○ K사 | ○ L사 | |
| | ○ M사 | ○ O사 | | | |
| | ○ 기타(회사명:                         ) | | | | |
| 직 군 | ○ 사무 | ○ 기계(용접) | ○ 전기/통신 | | |
| | ○ 화공 | ○ 건설(비계) | ○ 보통인부 | | |
| | ○ 청소/청경 | ○ 시설 유지보수 | ○ 기타(          ) | | |
| 연 령 | ○ 20대 | ○ 30대 | ○ 40대 | ○ 50대 | ○ 60대 이상 |
| 성 별 | ○ 남 | ○ 여 | | | |
| 경 력 (전체 경력) | ○ 15년 이상 | ○ 10년 이상 ~ 15년 미만, | | | |
| | ○ 5년 이상 ~ 10년 미만 | ○ 1년 이상 ~ 5년 미만 | | | |
| | ○ 1년 미만 | | | | |

● 이상으로 안전심리 설문조사를 마치겠습니다. 한 문항도 빠짐없이 응답하셨는지 확인 후 설문을 종료해 주시기 바랍니다. 감사합니다.

# <부록 2> 준거타당도 비교

## 예비 설문

| 구분 | 직업<br>의미감 | 건강<br>상태 | 직무<br>몰입 | 안전<br>문화 |
|---|---|---|---|---|
| 인지T | 0.57 | 0.24 | 0.38 | 0.56 |
| 동기T | 0.57 | 0.33 | 0.46 | 0.57 |
| 정서T | 0.46 | 0.68 | 0.39 | 0.64 |
| 행동T | 0.58 | 0.38 | 0.6 | 0.71 |
| 성격T | 0.53 | 0.33 | 0.55 | 0.65 |
| 건강T | 0.39 | 0.83 | 0.31 | 0.55 |
| 안전<br>심리 | 0.64 | 0.59 | 0.55 | 0.76 |

## 시범 실시

| 구분 | 직업<br>의미감 | 건강<br>상태 | 직무<br>몰입 | 안전<br>문화 |
|---|---|---|---|---|
| 인지T | 0.43 | 0.25 | 0.37 | 0.55 |
| 동기T | 0.43 | 0.23 | 0.30 | 0.35 |
| 정서T | 0.43 | 0.67 | 0.42 | 0.60 |
| 행동T | 0.48 | 0.38 | 0.62 | 0.64 |
| 성격T | 0.43 | 0.44 | 0.64 | 0.64 |
| 건강T | 0.39 | 0.66 | 0.46 | 0.61 |
| 안전심리 | 0.54 | 0.57 | 0.58 | 0.71 |

# <부록 3> 안전심리 점수 비율

| 예비 설문 | | | | | 시범 실시 | | | | |
|---|---|---|---|---|---|---|---|---|---|
| 점수 | 빈도 | 백분율 | 누적 빈도 | 누적 백분율 | 점수 | 빈도 | 백분율 | 누적 빈도 | 누적 백분율 |
| 61 | 1 | 0.59 | 1 | 0.59 | 61 | 2 | 1.79 | 2 | 1.79 |
| 63 | 1 | 0.59 | 2 | 1.18 | 63 | 1 | 0.89 | 3 | 2.68 |
| 64 | 1 | 0.59 | 3 | 1.76 | 65 | 1 | 0.89 | 4 | 3.57 |
| 66 | 1 | 0.59 | 4 | 2.35 | 66 | 1 | 0.89 | 5 | 4.46 |
| 67 | 1 | 0.59 | 5 | 2.94 | 69 | 2 | 1.79 | 7 | 6.25 |
| 70 | 3 | 1.76 | 8 | 4.71 | 70 | 2 | 1.79 | 9 | 8.04 |
| 71 | 1 | 0.59 | 9 | 5.29 | 71 | 5 | 4.46 | 14 | 12.50 |
| 72 | 1 | 0.59 | 10 | 5.88 | 72 | 2 | 1.79 | 16 | 14.29 |
| 73 | 5 | 2.94 | 15 | 8.82 | 73 | 2 | 1.79 | 18 | 16.07 |
| 74 | 5 | 2.94 | 20 | 11.76 | 74 | 7 | 6.25 | 25 | 22.32 |
| 75 | 2 | 1.18 | 22 | 12.94 | 75 | 8 | 7.14 | 33 | 29.46 |
| 76 | 11 | 6.47 | 33 | 19.41 | 76 | 6 | 5.36 | 39 | 34.82 |
| 77 | 12 | 7.06 | 45 | 26.47 | 77 | 9 | 8.04 | 48 | 42.86 |
| 78 | 10 | 5.88 | 55 | 32.35 | 78 | 4 | 3.57 | 52 | 46.43 |
| 79 | 15 | 8.82 | 70 | 41.18 | 79 | 8 | 7.14 | 60 | 53.57 |
| 80 | 8 | 4.71 | 78 | 45.88 | 80 | 3 | 2.68 | 63 | 56.25 |
| 81 | 8 | 4.71 | 86 | 50.59 | 81 | 7 | 6.25 | 70 | 62.50 |
| 82 | 9 | 5.29 | 95 | 55.88 | 82 | 4 | 3.57 | 74 | 66.07 |
| 83 | 9 | 5.29 | 104 | 61.18 | 83 | 5 | 4.46 | 79 | 70.54 |
| 84 | 6 | 3.53 | 110 | 64.71 | 84 | 5 | 4.46 | 84 | 75.00 |
| 85 | 9 | 5.29 | 119 | 70.00 | 85 | 4 | 3.57 | 88 | 78.57 |
| 86 | 3 | 1.76 | 122 | 71.76 | 86 | 4 | 3.57 | 92 | 82.14 |
| 88 | 5 | 2.94 | 127 | 74.71 | 87 | 2 | 1.79 | 94 | 83.93 |
| 89 | 3 | 1.76 | 130 | 76.47 | 88 | 2 | 1.79 | 96 | 85.71 |
| | | | | | 89 | 4 | 3.57 | 100 | 89.29 |
| 90 | 2 | 1.18 | 132 | 77.65 | 90 | 1 | 0.89 | 101 | 90.18 |
| 91 | 7 | 4.12 | 139 | 81.76 | 91 | 2 | 1.79 | 103 | 91.96 |
| 92 | 6 | 3.53 | 145 | 85.29 | 92 | 2 | 1.79 | 105 | 93.75 |

| 예비 설문 | | | | | 시범 실시 | | | | |
|---|---|---|---|---|---|---|---|---|---|
| 점수 | 빈도 | 백분율 | 누적빈도 | 누적백분율 | 점수 | 빈도 | 백분율 | 누적빈도 | 누적백분율 |
| 93 | 3 | 1.76 | 148 | 87.06 | 93 | 1 | 0.89 | 106 | 94.64 |
| 94 | 1 | 0.59 | 149 | 87.65 | | | | | |
| 95 | 3 | 1.76 | 152 | 89.41 | 95 | 1 | 0.89 | 107 | 95.54 |
| 96 | 5 | 2.94 | 157 | 92.35 | 96 | 2 | 1.79 | 109 | 97.32 |
| 97 | 3 | 1.76 | 160 | 94.12 | | | | | |
| 98 | 4 | 2.35 | 164 | 96.47 | | | | | |
| 99 | 3 | 1.76 | 167 | 98.24 | 99 | 2 | 1.79 | 111 | 99.11 |
| 100 | 3 | 1.76 | 170 | 100 | 100 | 1 | 0.89 | 112 | 100 |

# <부록 4> 안전심리검사 구성요인별 최종문항

다음은 내적합치도와 준거와의 상관 등을 고려하여 선별한 최종 문항이다.

| 구분 | 최종<br>문항<br>번호 | 문항 | 역문항 |
|---|---|---|---|
| 인지 | 1 | 작업 중 일어날 수 있는 사고위험요인을 잘 알고 있다. | |
| 인지 | 8 | 안전에 도움이 되는 정보를 많이 알고 있다. | |
| 인지 | 15 | 나는 작업 전 안전점검사항을 잘 알고 있다. | |
| 인지 | 22 | 안전교육시에 적극적으로 참여한다. | |
| 인지 | 29 | 나는 내 작업의 안전사항을 잘 알고 있다. | |
| 인지 | 36 | 작업에 필요한 보호장비를 잘 알고 있다 | |
| 인지 | 43 | 나는 안전사고를 줄일 수 있는 교육을 충분히 받았다. | |
| 동기 | 2 | 조심하더라도 사고는 언제든지 일어날 수 있다. | |
| 동기 | 9 | 안전규칙을 지키는 것이 모든 사람의 의무이다. | |
| 동기 | 16 | 사고발생과 안전규정 준수는 관련이 없다. | R |
| 동기 | 23 | 안전규정은 일을 불편하게 한다. | R |
| 동기 | 30 | 안전보다 동료와의 관계가 더 중요하다. | R |
| 동기 | 37 | 내가 하는 일은 개인적으로 가치가 있다. | |
| 정서 | 3 | 스트레스 때문에 작업에 집중할 수가 없다. | R |
| 정서 | 10 | 스트레스를 받으면 잘 헤어나지 못한다. | R |
| 정서 | 17 | 화가 나면 자제하기가 힘들다. | R |
| 정서 | 24 | 나는 내 결점이 자꾸 신경쓰인다. | R |
| 정서 | 31 | 나의 컴플렉스로 인해 주변 사람들과 친해지기 힘들다. | R |
| 정서 | 38 | 세상 사람들은 대부분 나보다 더 행복한 것 같다. | R |
| 정서 | 44 | 실수를 할 때면 이 일은 나에게 맞지 않는 것 같다는 생각이 든다. | R |
| 정서 | 48 | 나는 요즘 작업으로 인해 탈진된 느낌이다. | R |
| 정서 | 51 | 내가 하는 일은 주변 사람들에게 도움이 된다. | |
| 정서 | 53 | 아침에 일어나 일하러 가기가 힘들다 | R |
| 정서 | 55 | 일을 해도 별로 만족스럽지가 않다. | R |

| 구분 | 최종문항번호 | 문항 | 역문항 |
|---|---|---|---|
| 정서 | 57 | 주변에 믿고 의지할 만한 사람이 없다. | R |
| 정서 | 59 | 나는 행복한 삶을 살고 있다. | |
| 정서 | 60 | 나는 내 현실에 대해 만족한다. | |
| 건강 | 4 | 주의사항을 자주 잊어버린다. | R |
| 건강 | 11 | 작업 중에 사소한 실수가 많다. | R |
| 건강 | 18 | 나는 작업에 집중하기가 어렵다. | R |
| 건강 | 25 | 나는 작업이 지루할 때가 자주 있다. | R |
| 건강 | 32 | 요즘 잠을 충분히 못 자는 것 같다. | R |
| 건강 | 39 | 요즘 몸이 편하지 않다. | R |
| 건강 | 45 | 몸이 자주 아프다. | R |
| 건강 | 49 | 최근에 스트레스를 많이 받는다. | R |
| 행동 | 5 | 어떤 작업이더라도 안전절차를 준수한다. | |
| 행동 | 12 | 작업중이던 것이 안전하지 않으면 즉시 멈추고 수정한다. | |
| 행동 | 19 | 시간이 걸리더라도 안전하게 일한다. | |
| 행동 | 26 | 나는 자발적으로 안전지침을 준수한다. | |
| 행동 | 33 | 작업을 할 때 나는 종종 다른 생각을 하기도 한다. | R |
| 행동 | 40 | 나는 좀 덜렁대는 편이다. | R |
| 성향 | 6 | 나는 맡은 작업을 항상 정확하게 처리하려고 애쓴다. | |
| 성향 | 13 | 나는 맡은 일을 잘한다는 소리를 자주 듣는다. | |
| 성향 | 20 | 나는 좀 위험하더라도 모험을 하는 편이다. | R |
| 성향 | 27 | 나는 안전보다도 재미있게 일하는 편이다. | R |
| 성향 | 34 | 나는 차분히 일을 처리하는 것이 어렵다. | R |
| 성향 | 41 | 나는 대체로 괜찮은 사람이라고 생각한다. | |
| 성향 | 46 | 나는 어떤 문제가 닥치더라도 잘 해결할 수 있다. | |
| 성향 | 50 | 내가 시도하면 대개는 성공한다. | |
| 성향 | 52 | 내가 일을 맡는 것은 거의 운에 달렸다. | R |
| 성향 | 54 | 나는 인생이 도박같다고 생각한다. | R |
| 성향 | 56 | 성공은 노력에 달렸다. | |

| 구분 | 최종 문항 번호 | 문항 | 역문항 |
|---|---|---|---|
| 성향 | 58 | 나는 내 마음을 바꿀 수 없다. | R |
| 환경 | 7 | 이 사업장은 안전작업절차가 적절하다. | |
| 환경 | 14 | 이 사업장은 작업 시 안전이 잘 고려되어 있다. | |
| 환경 | 21 | 이 사업장은 부상이나 아차사고를 보고해도 불이익을 주지 않는다. | |
| 환경 | 28 | 바쁘면 감독자가 작업자의 안전하지 않은 행동에 눈 감아주기도 한다. | R |
| 환경 | 35 | 내가 하는 작업은 매우 복잡하다. | |
| 환경 | 42 | 내가 하는 작업은 아주 위험하다. | |
| 환경 | 47 | 내가 하는 작업은 힘들고 어렵다 | |

# OO사 일용 전문직 안전심리 진단 설문조사

■ 본 설문조사는 OO사의 협력사 일용 전문직원의 안전심리를 진단하기 위해 실시합니다

■ 설문조사 결과는 향후 OO사와 협력회사의 **안전문화 수준 향상**을 위한 기초자료로 **활용**되며, 개인별 평가를 위한 목적으로 사용하지는 않습니다.

■ 설문에는 맞고 틀린 답은 없고, 결과에 대한 비밀이 보장되기 때문에 한 문항도 빠짐없이 솔직하게 응답해주시기 바랍니다.

■ 대답이 어렵거나 혼동되는 경우, 깊이 생각하지 말고 자신이 이해한 대로 응답하시면 됩니다.

주관부서 : _____
담 당 자 : _____

# 1. 안전심리 설문에 적합한 답변 항목에 √ 표를 해주십시오. 모두 60문항입니다.

| 번호 | 설문 문항 | 전혀<br>아니다 | 아니다 | 그저<br>그렇다 | 그렇다 | 매우<br>그렇다 |
|---|---|---|---|---|---|---|
| 1 | 작업 중 일어날 수 있는 사고위험요인을 잘 알고 있다. | | | | | |
| 2 | 조심하더라도 사고는 언제든지 일어날 수 있다. | | | | | |
| 3 | 스트레스 때문에 작업에 집중할 수가 없다. | | | | | |
| 4 | 주의사항을 자주 잊어버린다. | | | | | |
| 5 | 어떤 작업이더라도 안전절차를 준수한다. | | | | | |
| 6 | 나는 맡은 작업을 항상 정확하게 처리하려고 애쓴다. | | | | | |
| 7 | 이 사업장은 안전작업절차가 적절하다. | | | | | |
| 8 | 안전에 도움이 되는 정보를 많이 알고 있다. | | | | | |
| 9 | 안전규칙을 지키는 것이 모든 사람의 의무이다. | | | | | |
| 10 | 스트레스를 받으면 잘 헤어나지 못한다. | | | | | |
| 11 | 작업 중에 사소한 실수가 많다. | | | | | |
| 12 | 작업중이던 것이 안전하지 않으면 즉시 멈추고 수정한다. | | | | | |
| 13 | 나는 맡은 일을 잘한다는 소리를 자주 듣는다. | | | | | |
| 14 | 이 사업장은 작업 시 안전이 잘 고려되어 있다. | | | | | |
| 15 | 나는 작업 전 안전점검사항을 잘 알고 있다. | | | | | |
| 16 | 사고발생과 안전규정 준수는 관련이 없다. | | | | | |
| 17 | 화가 나면 자제하기가 힘들다. | | | | | |
| 18 | 나는 작업에 집중하기가 어렵다. | | | | | |
| 19 | 시간이 걸리더라도 안전하게 일한다. | | | | | |
| 20 | 나는 좀 위험하더라도 모험을 하는 편이다. | | | | | |
| 21 | 이 사업장은 부상이나 아차사고를 보고해도 불이익을 주지 않는다. | | | | | |
| 22 | 안전교육시에 적극적으로 참여한다. | | | | | |
| 23 | 안전규정은 일을 불편하게 한다. | | | | | |
| 24 | 나는 내 결점이 자꾸 신경쓰인다. | | | | | |
| 25 | 나는 작업이 지루할 때가 자주 있다. | | | | | |
| 26 | 나는 자발적으로 안전지침을 준수한다. | | | | | |

| 번호 | 설문 문항 | 전혀<br>아니다 | 아니다 | 그저<br>그렇다 | 그렇다 | 매우<br>그렇다 |
|---|---|---|---|---|---|---|
| 27 | 나는 안전보다도 재미있게 일하는 편이다. | | | | | |
| 28 | 바쁘면 감독자가 작업자의 안전하지 않은 행동에 눈 감아주기도 한다. | | | | | |
| 29 | 나는 내 작업의 안전사항을 잘 알고 있다. | | | | | |
| 30 | 안전보다 동료와의 관계가 더 중요하다. | | | | | |
| 31 | 나의 컴플렉스로 인해 주변 사람들과 친해지기 힘들다. | | | | | |
| 32 | 요즘 잠을 충분히 못 자는 것 같다. | | | | | |
| 33 | 작업을 할 때 나는 종종 다른 생각을 하기도 한다. | | | | | |
| 34 | 나는 차분히 일을 처리하는 것이 어렵다. | | | | | |
| 35 | 내가 하는 작업은 매우 복잡하다. | | | | | |
| 36 | 작업에 필요한 보호장비를 잘 알고 있다 | | | | | |
| 37 | 내가 하는 일은 개인적으로 가치가 있다. | | | | | |
| 38 | 세상 사람들은 대부분 나보다 더 행복한 것 같다. | | | | | |
| 39 | 요즘 몸이 편하지 않다. | | | | | |
| 40 | 나는 좀 덜렁대는 편이다. | | | | | |
| 41 | 나는 대체로 괜찮은 사람이라고 생각한다. | | | | | |
| 42 | 내가 하는 작업은 아주 위험하다. | | | | | |
| 43 | 나는 안전사고를 줄일 수 있는 교육을 충분히 받았다. | | | | | |
| 44 | 실수를 할 때면 이 일은 나에게 맞지 않는 것 같다는 생각이 든다. | | | | | |
| 45 | 몸이 자주 아프다. | | | | | |
| 46 | 나는 어떤 문제가 닥치더라도 잘 해결할 수 있다. | | | | | |
| 47 | 내가 하는 작업은 힘들고 어렵다 | | | | | |
| 48 | 나는 요즘 작업으로 인해 탈진된 느낌이다. | | | | | |
| 49 | 최근에 스트레스를 많이 받는다. | | | | | |
| 50 | 내가 시도하면 대개는 성공한다. | | | | | |
| 51 | 내가 하는 일은 주변 사람들에게 도움이 된다. | | | | | |
| 52 | 내가 일을 맡는 것은 거의 운에 달렸다. | | | | | |
| 53 | 아침에 일어나 일하러 가기가 힘들다 | | | | | |

| 번호 | 설문 문항 | 전혀<br>아니다 | 아니다 | 그저<br>그렇다 | 그렇다 | 매우<br>그렇다 |
|------|-----------|--------|--------|--------|--------|--------|
| 54 | 나는 인생이 도박같다고 생각한다. | | | | | |
| 55 | 일을 해도 별로 만족스럽지가 않다. | | | | | |
| 56 | 성공은 노력에 달렸다. | | | | | |
| 57 | 주변에 믿고 의지할 만한 사람이 없다. | | | | | |
| 58 | 나는 내 마음을 바꿀 수 없다. | | | | | |
| 59 | 나는 행복한 삶을 살고 있다. | | | | | |
| 60 | 나는 내 현실에 대해 만족한다. | | | | | |

## 2. 응답자 기본 사항

■ 다음은 설문 응답자 기본 사항입니다.  자신에게 해당하는 것
에 빠짐없이 마크(●) 해주시기  바랍니다.

| 근 무 지 | ○ A시 ○ B시 ○ C시 ○ D시 ○ 본사 |
|---|---|
| 협력회사명 | ○ A사 　　　○ B사 　　　○ C사 　　　○ D사<br>○ E사 　　　○ F사 　　　○ G사 　　　○ H사<br>○ I사 　　　○ J사 　　　○ K사 　　　○ L사<br>○ M사 　　　○ O사<br>○ 기타(회사명: 　　　　　　　　　　　　　　 ) |
| 직 　 군 | ○ 사무 　　　　　○ 기계(용접) 　　　○ 전기/통신<br>○ 화공 　　　　　○ 건설(비계) 　　　○ 보통인부<br>○ 청소/청경 　　 ○ 시설 유지보수 　 ○ 기타( 　　　　 ) |
| 연 　 령 | ○ 20대 　○ 30대 　○ 40대 　○ 50대 　○ 60대 이상 |
| 성 　 별 | ○ 남 　　○ 여 |
| 경 　 력<br><br>(전체 경력) | ○ 15년 이상 　　　　　　 ○ 10년 이상 ~ 15년 미만,<br>○ 5년 이상 ~ 10년 미만 　 ○ 1년 이상 ~ 5년 미만<br>○ 1년 미만 |

● 이상으로 안전심리 설문조사를 마치겠습니다. 한 문항도 빠짐
없이 응답하셨는지 확인 후 설문을 종료해 주시기 바랍니다.
감사합니다.

# <부록 6> 참고문헌

김직호 (2020), 안전몰입 척도 개발 및 타당화. 박사학위논문. 가톨릭대학교.

박창호, 강희양 (2011). 한국판 인지실패 질문지의 타당화. 한국심리학회지: 일반, 30(1), 341-355.

박영호 (2000). 교통사고 운전자의 인적요인 분석- 버스운전자를 중심으로, 한국심리학회지: 산업 및 조직, 13(2), 75-90.

이범진,박세영 (2013). 조직몰입의 매개효과와 안전 분위기의 조절효과, 한국심리학회지: 산업 및 조직, 26(4), 555-577.

이원영 (2006). 안전행동 및 사고에 대한 성실성, 인지실패 및 직무스트레스의 상호작용. 한국심리학회지: 산업 및 조직, 19(3), 475-497.

이종한,이종구,석동헌 (2011). 조직 안전풍토의 하위요인 확인 및 안전행동과의 관계한국심리학회:산업 및 조직, 24(3). 627-650.

정재우 (2000). 안전수행 예측에서 성격특성의 역할: 철도사고사례. 한국심리학회지: 산업 및 조직, 13(1), 41-59.

Guastello, S. (1991). Psychological variables related to transit safety. Work and Stress, 5(1), 17-28.

Martin, M. (1983). Cognitive failure: everyday and laboratory performance. Bulletin of psychometric society, 21, 97-100.

Neal, Giffin. (2006). A Study of the Lagged elationships Among Safety Climate, Safety Motivation, Safety Behavio, and Accidents at the Individual and Goup Levels. Journal of applied psychology, 91(4), 946-953.

Salminen, S. (1992). Serious occupational accident from the victim's perspective. Psykologia, 27(2), 113-117.

# 제2장. 안전심리 척도 사용자 매뉴얼

# 제1절. 안전심리 검사의 개요

## 1. 불안전행동과 인적오류(휴먼에러)

불안전행동은 재해를 초래하게 된 작업자의 행동에 대한 불안전한 요소를 말한다. 산업재해를 체계적으로 연구한 하인리히는 산업재해 발생의 원인을 설명하는 도미노 모델에서 불안전행동과 불안전상태를 산업재해의 직접적 원인으로 지적하였고, 전체 7만 5천건의 사고를 분석한 결과 88%가 불안전행동에서 비롯된 것이며 10%는 불안전상태에 원인이 있고 나머지 2%만이 천재지변 등 기타 원인에 의한 것으로 보았다. 산업재해를 예방하기 위해서는 불안전행동과 불안전상태를 제거하는 것이 중요하다고 제안하였다.

우리나라에서 산업재해의 직접원인 중 불안전행동을 분석할 때 활용하는 유형을 보면 다음과 같다.
①위험장소 접근
②안전장치 기능 제거
③복장, 보호구의 잘못 사용
④기계, 기구의 잘못 사용
⑤운전 중인 기계장치 손질
⑥불안전한 속도 조작
⑦유해, 위험물 취급 부주의
⑧불안전한 상태방치
⑨불안전한 자세동작
⑩감독 및 연락 불충분
⑪기타

불안전행동을 인간의 행동에 착안한 실무상으로 분류해 보면 다음과 같다.
①작업에 따라다니는 위험에 대해 지식의 부족에 의한 불안전행동
②안전하게 작업을 수행하는 기능 미숙에 의한 불안전행동
③안전에 대한 의욕의 결여에 의한 불안전행동

④인간의 특성으로서의 오류에 의한 불안전행동

즉, 모른다, 할 수 없다, 하지 않는다, 인적오류의 4종으로 분류하는 것이다.

일반적으로 작업자의 불안전행동을 인적오류(Human Error)로 총칭하여 사용하고는 있지만, '지식이 없거나 필요한 기능을 습득하지 않았다', '경험이 부족했기 때문에 할 수 없는 작업을 해서 실패했다'라는 불안전한 행동은 인적오류로 볼 수 없다. '알고 있다', '할 수 있는 기능이 있다', '할 예정이었다'라고 하면서 실제의 행동에서는 하지 않았을 경우를 '인적오류'라고 한다.

인적오류는 사람이 원하는 목표를 성취하기 위해 계획된 행동이 실패한 것으로 과실 또는 오수행(Slip), 망각 또는 건망증(Lapse), 조작실수(Mistake) 및 규칙위반(Violation)으로 구분된다.

**안전심리 교육·상담 매뉴얼은 근로자의 심리 상태에 따른 인적오류를 일으키는 요소와 의욕의 결여에 따른 불안전행동을 규명하고, 개선대책을 제시하여 안전심리의 문제로 재해가 발생하는 것을 예방하고자 한다.**

## 2. 안전심리 검사 필요성

안전심리란 작업의 위험도와 복잡성을 감안하여 위험을 피하고 안전을 도모하기 위해 필요한 개인수준의 인지, 동기, 정서, **행동**, 성향, 안전과 관련된 사고기능과 신체기능상의 건강을 고려한 종합적 수준을 말한다.

발전소 내 협력사 전문직 및 일용직 작업자를 대상으로 하는 안전심리 검사는 개인의 안전과 관련한 심리적 특성과 상태를 파악하기 위한 검사이다. 일용직 작업자의 경우 전문기술을 보유하였거나 작업에 대한 숙련도가 높지만 단기적 계약관계(30일 이내)로 인해 고용자는 피고용자에 대해 잘 모르고, 피고용자는 고용업체의 작업환경에 대해 익숙하지 않은 등 고용자와 피고용자 모두 서로의 특성과 상태를 깊이 있게 전반적으로 파악하기 어렵다.

따라서 전문직 및 일용직 작업자의 개인적 수준의 심리요인들을 파악하는 것은 작업상의 위험을 피하고 안전을 도모하기 위해 반드시 필요하며, 개인적 수준에 관한 안전심리 검사는 안전사고 예방의 효율적인 방안이 될 수 있다. 특히 일용직 작업자의 경우 정규직과 달리 짧은 시간 내에 집중적이면서 **안전**하게 작업을 수행해야 하는 특성을 보이는 바 안전문화나 풍토를 포함하는 정규직 대상의 안전의식 검사와 차별화가 **필요하다**.

　이에 개인적 특성과 상태적 요소를 집중적으로 파악하기 위해 세부요인을 인지, 동기, 정서, 건강, 성향, 행동 요인으로 나누고 안전한 작업에 **필요한** 개인의 준비태세와 관련한 요인을 종합적으로 파악하려고 **한다**.

## 3. 안전심리 검사의 구성 및 결과의 해석

### 가. 안전심리 검사의 구성

| 항목 | 내용 |
|---|---|
| 인지 | 안전과 관련한 지식에 관한 요인으로서, 안전은 높이고 위험은 낮추는 것에 관한 정보와 경험의 수준을 보여준다. |
| 동기 | 안전에 대한 신념과 직업에 대한 가치의 종합적 수준으로서, 안전은 중요한 가치를 지니며 사고는 언제든 일어날 수 있다는 태도를 보여준다. |
| 정서 | 스트레스와 정서의 조절에 관한 요인으로서, 스트레스와 부정적 정서를 조절하여 정서적 안정성을 얼마나 잘 유지하고 있는지를 보여준다. |
| 건강 | 신체와 뇌 기능에 관한 종합적 요인으로서, 활동과 사고의 기능이 떨어지고 실수나 오류가 자주 발생하는 정도를 보여준다. |
| 행동 | 안전과 관련한 행동의 실천에 관한 요인으로서, 규칙과 절차에 따라 직무에 집중하는 정도를 보여준다. |
| 성향 | 안전을 유지하고 사고를 낮출 수 있는 개인의 성향에 관한 요인으로서, 평상시 성실하고 조심스럽고, 자신감과 책임감 있게 직무를 수행하는 정도를 보여준다. |

## 나. 안전심리 검사 결과의 해석

안전심리 설문검사를 실시하여 응답 결과를 점수로 산출하고, 요인별, 등급별 소견을 보면 다음과 같다.

### (1) 종합점수의 산출

○전체 60문항 중 환경요인 7문항을 제외한 응답평균 산출(점수의 합산/53문항)
 - 종합점수 = (응답 평균/5)*100
 * 요인별 비율점수를 활용하지 않음

○등급 구분
 - 요인별점수, 종합점수에 따라 매우 우수, 우수, 보통, 미흡 등 4등급 부여

표 12. 종합점수의 등급 구분

| 점수기준 | 등급 | 분포 |
|---|---|---|
| 90 이상 | 매우 우수 | 약 25% |
| 80 이상 ~ 90 미만 | 우수 | 약 25% |
| 70 이상 ~ 80 미만 | 보통 | 약 40% |
| 70 미만 | 미흡 | 약 10% |

## (2) 안전심리 검사결과의 소견

### (가) 종합 소견

| 구분 | 안전심리(종합) |
|---|---|
| 매우 우수<br>(90점 이상/<br>상위 약 25%) | 안전심리는 안전과 관련한 개인의 인지, 동기, 정서, 행동, 성향, 건강요인을 종합적으로 고려한 수준입니다.<br><br>귀하의 안전과 관련한 심리적 요인은 전반적으로 매우 높은 수준으로 개인적인 관리가 잘 되고 있습니다. 앞으로도 안전과 관련한 개인관리에 노력과 주의를 기울여 주시기 바랍니다. |
| 우수<br>(80점이상 ~<br>90점미만/<br>약25%) | 안전심리는 안전과 관련한 개인의 인지, 동기, 정서, 행동, 성향, 건강요인을 종합적으로 고려한 수준입니다.<br><br>귀하의 안전과 관련한 심리적 요인은 전반적으로 높은 편입니다. 그러나 부족한 부분을 더 높일 수 있도록 적극적인 개인관리에 힘써 주시기 바랍니다 |
| 보통<br>(70점이상 ~<br>80점미만/<br>약 40%) | 안전심리는 안전과 관련한 개인의 인지, 동기, 정서, 행동, 성향, 건강요인을 종합적으로 고려한 수준입니다.<br><br>귀하의 안전과 관련한 심리적 요인은 보통 수준입니다. 부분적으로 또는 전반적으로 부족한 부분을 높일 수 있도록 안전심리 전문가의 도움이나 안전 교육을 받아 보시기 바랍니다. |
| 미흡<br>(70점미만<br>약 10%) | 안전심리는 안전과 관련한 개인의 인지, 동기, 정서, 행동, 성향, 건강요인을 종합적으로 고려한 수준입니다.<br><br>귀하의 안전심리는 적극적인 개선의 노력이 필요한 수준으로 보입니다. 평소 안전과 관련한 귀하의 태도와 행동을 주의 깊게 돌아보고 안전에 위협이 될만한 부분을 개선하기 위해 전문가의 도움과 교육을 적극적으로 받아 보시기 바랍니다. |

(나) 요인별 소견

① 인지요인

| 구분 | 인지요인 |
|---|---|
| 매우 우수 | 안전과 관련한 다양한 지식을 경험을 통해 갖추고 있습니다. 앞으로도 교육 등을 통해 사고예방에 필요한 정보를 습득하고 주변 사람들에게도 본인의 노하우를 적극 공유 한다면 조직의 안전을 높이는데 큰 도움이 될 것입니다. |
| 우수 | 대부분의 안전문제를 처리할 수 있는 안전 지식을 가지고 있습니다. 앞으로도 꾸준히 안전 관련 정보를 습득하여 부족한 부분을 개선하는데 주의를 기울여 주시기 바랍니다. |
| 보통 | 안전문제를 처리할 수 있는 정도의 안전 지식을 가지고 있습니다. 그러나 자율적으로 안전과 관련한 지식을 습득하기 위해 노력한다면 조직의 안전을 높이는데 큰 도움이 됩니다. |
| 미흡 | 안전과 사고에 관한 지식이 부족할 수 있습니다. 안전 관련 규정, 절차, 대처방법 등을 충분히 습득하기 위해 별도의 노력이 필요합니다. |

② 동기요인

| 구분 | 동기요인 |
|---|---|
| 매우 우수 | 개인의 성과나 동료와 좋은 관계보다 안전규정과 절차의 준수를 더 중요시하는 편입니다. 안전에 대한 신념을 꾸준히 유지할 뿐만 아니라 주변에도 전파해 주시기 바랍니다 |
| 우수 | 대체로 성과나 관계보다 안전규정과 절차의 준수를 더 중요시하고 안전에 대한 신념을 유지하는 편입니다. 무의식적으로 안전규정을 어기고 타협하지 않도록 꾸준히 주의를 기울이기를 바랍니다. |
| 보통 | 안전규정과 절차가 중요하다는 점을 알고 있을 수 있으나 상황에 따라 유동적일 수 있습니다. 안전의 의미를 되돌아보고 안전에 대한 경각심을 유지하여야 합니다. |
| 미흡 | 안전규정과 절차가 중요하다는 생각보다 불편하다는 생각이 클 수 있습니다. 따라서 안전이 개인뿐만 아니라 동료들에게 미치는 영향을 주의 깊게 되새겨보아야 합니다. |

③ 정서요인

| 구분 | 정서요인 |
|---|---|
| 매우 우수 | 정서적으로 건강하고 평소 정서적인 문제를 잘 조절하여 일과 생활에 있어서 매우 안정적인 모습을 보입니다. 꾸준히 자신의 감정 상태를 돌아보고 보살펴 주시기 바랍니다 |
| 우수 | 정서적으로 건강한 편이고, 정서적인 문제도 낮은 편입니다. 그러나 부분적으로 조절하기 어려운 기분이 들 수 있으므로 평소에도 꾸준히 스트레스를 낮추고 자신을 관리하려는 노력이 필요합니다. |
| 보통 | 평소 스트레스 수준에 따라 기분이 조절이 안되거나 불행하다는 생각이 가끔 발생할 수 있습니다. 그런 기분이 더욱 자주 발생하지 않도록 평상시 이완훈련이나 정서조절훈련을 통해 자기 관리에 주의를 기울여 주시기 바랍니다. |
| 미흡 | 스트레스로 불편함을 자주 느끼고 화가 나거나 우울하거나 불안한 기분을 조절하기 어려울 수 있습니다. 평소 불행하다는 생각이 계속된다면 개인의 삶과 일에 지장을 줄 수 있으며 전문가의 도움이 필요할 수 있습니다. |

④ 건강요인

| 구분 | 건강요인 |
|---|---|
| 매우 우수 | 사고기능과 신체기능이 매우 건강한 편입니다. 일과 생활에서 잘 집중하고 그에 따라 좋은 성과를 거두는 편입니다. 평소에도 꾸준히 건강에 도움이 되는 휴식과 운동을 유지하시기 바랍니다. |
| 우수 | 사고기능과 신체기능이 건강하고 일과 생활을 큰 불편함 없이 잘 유지하는 편입니다. 사고기능과 신체기능이 더 좋아 지도록 휴식과 운동을 병행할 필요가 있습니다. |
| 보통 | 생활이나 업무 중 착오나 실수가 발생할 수도 있습니다. 그 원인이 사고기능이나 신체기능 때문이 아닌지 점검해보 시고 기능이 더 떨어지지 않도록 평소 건강관리에 더 많은 주의를 기울이기 바랍니다. |
| 미흡 | 평소 생활이나 업무 중에 착오나 실수를 일으키거나 몸이 불편한 경우가 더러 발생할 수 있습니다. 만약 이러한 착오나 실수가 더 자주 발생한다면 의료전문가의 조언이나 도움을 받아 보시기 바랍니다. |

⑤ 행동요인

| 구분 | 행동요인 |
|---|---|
| 매우 우수 | 안전지식과 신념을 솔선수범하여 실천하고 점검하고 개선하기 위해 노력합니다. 또한 작업에 주의 깊게 몰입하는 편입니다. |
| 우수 | 안전지식과 신념을 자율적으로 실천하고 작업에도 몰입하는 편입니다. 안전행동의 실천과 몰입이 소홀해지지 않도록 주의를 기울여 주시기 바랍니다. |
| 보통 | 안전지식과 신념을 대체로 잘 실천합니다. 그러나 경우에 따라 성과, 관계, 휴식 등이 안전에 우선할 수도 있습니다. 안전행동이 습관화하기 위한 노력이 더 필요합니다. |
| 미흡 | 안전의식이 지식이나 신념 차원에 머물고 있을 수 있습니다. 실천이 어려운 부분을 찾아내고 안전행동을 개선하려는 노력이 필요합니다 |

⑥ 성향요인

| 구분 | 성향요인 |
|---|---|
| 매우 우수 | 자신의 몸과 마음을 잘 점검하고 관리하여 직무수행 시 실수가 적고, 안전하게 수행하여 주변 동료들에게 큰 신뢰감을 줄 뿐만 아니라 긍정적 영향을 주는 편입니다. |
| 우수 | 자신의 몸과 마음을 잘 점검하고 관리하여 직무수행 시 실수가 적고, 안전하게 수행하는 편입니다. 주변 동료들에게 신뢰감을 주고, 긍정적 영향을 줄 수 있도록 자기관리에 조금 더 주의를 기울이기 바랍니다. |
| 보통 | 직무 수행시 대체로 실수가 적고 안전한 경향성을 보입니다. 그러나 간혹 있을 수 있는 안전문제를 대비하여 주의를 기울이고, 성실한 자세를 유지할 필요가 있습니다. |
| 미흡 | 안전은 차분하고 성실하게 노력한 만큼 얻는 것입니다. 안전사고를 일으킬만한 요소들을 평소 찾아보고 개선한다면 안전문제에 대한 자신감을 개선하는 데에 큰 도움이 될 것입니다. |

# 제2절. 안전심리 교육·상담 매뉴얼

## 1. 인지 요인

### 가. 인지 요인이란?

○인지란 정보를 획득하고 처리하고 활용하는 과정이다. 인지는 어떤 대상을 인식하는 것부터 기억 및 문제 해결에 이르기까지 일상의 모든 지적 활동에 관여하기 때문에 행동을 이해하는 데 중요하다.

○인지는 적절한 판단을 할 수 있게 해주며 주변 환경을 이해하여 적응하는 데 도움을 준다. 이는 주의, 지각, 학습, 사고, 기억 같은 인간의 정신세계와 관련이 있다.

○인지요인의 안전 관련 예시로는 착각, 깜빡함, 왜곡 해석 등이 있다. 착각은 시각, 청각을 비롯한 오감의 일시적인 혼란으로 눈앞의 유리문을 못 본다거나 부르는 소리를 잘 못 듣는 것 등이라고 할 수 있다.

○깜빡함은 기억이나 의식 따위가 잠깐 흐려지는 일종의 망각으로, 다음날 회사에서 필요한 서류나 물건을 집에서 가져가야 하는데 아무 생각 없이 출근하고, 회사에 가서야 '아차' 하고 생각나는 것이며, 세탁소에 옷을 맡겨놓고 찾아가지 않는 것 등을 말한다.

○왜곡 해석은 기존의 정보나 고정관념 때문에 새로운 정보를 잘못 이해하거나 생각하는 것으로 자주 가던 편의점의 물건 위치는 잘 알고 쉽게 물건을 찾지만 새로운 편의점에서는 자주 가던 편의점의 물건 위치 때문에 물건을 쉽게 찾지 못하는 것 등을 예로 들 수 있다.

○학문적으로 안전행동과 관련 있는 인지 요인은 **내외통제, 인지실패, 자기효능감**이라는 개념으로 연구되고 **있다.**

○인지실패는 업무에 익숙하여 주의집중 없이 자동적으로 일을 처리하는 경우 주로 **발생한다.** 반복되는 부주의 행동이나 실수는 사고의 위험을 증가시킨다. 업무처리가 자동화되어 있을 경우에는 새로운 상황에 대한 인식이 더디기 때문에 예기치 못한 상황에 대한 대처가 느릴 수 **있다.** 한 번에 여러 과제를 수행하거나 시간적인 압박을 느낄 때 인지실패가 더 빈번히 **발생한다.**

○본 검사에서의 인지 요인은 학문적으로 다루는 요인에 비해 상대적으로 파악이 쉽고 현장에서 활용하기 쉬운 안전과 사고에 대한 위험요인 등의 지식 **수준,** 안전과 관련된 규정이나 **절차, 대처방법,** 작업 전 안전점검 **사항,** 작업에 필요한 보호장비와 같은 안전은 높이고 위험은 낮추는 정보와 경험 수준으로 구성되어 **있다.**

---

**<요약>**

❖ 인지란 정보를 획득하고 처리하고 활용하는 **과정이다.**

❖ 인지요인의 안전과 관련된 예시는 **착각, 깜빡함,** 왜곡 해석이 **있다.**

❖ 본 검사에서는 현장에서 활용하기 쉽도록 안전과 사고에 대한 위험요인 등의 **지식수준,** 안전과 관련된 규정이나 **절차, 대처방법,** 작업 전 안전점검 **사항,** 작업에 필요한 보호장비와 같은 안전은 높이고 위험은 낮추는 정보와 경험 수준으로 구성되어 **있다.**

---

## 나. 사례

○사례 1

회사원 J씨는 집에서 외부 업체로 출장을 가며 소포를 보내려고 **했지만** 소포를 깜빡하고 챙기지 않아 중간에 집으로 되돌아오게 되었고 외부 일정에도 지각하게 되었다.

○사례 2

낡은 렌찌를 버리려던 A씨는 왼손에 사용하던 낡은 렌찌를 들고, 오른손에는 새 렌찌를 들고 있었는데 낡은 렌찌를 버린다는 것이 착각하여 사용하지 않은 오른손의 새 렌찌를 버렸다.

○사례 3

작업자 A는 오전 10시 이전에 1번 크레인의 전원을 차단시켜 주기로 B와 약속했는데 다른 작업에 바쁘게 집중하다 보니 10시가 넘어서야 그 약속이 생각났다. 서둘러서 배전반의 크레인 전원 차단기를 내리려고 하는데 크레인이 1번인지, 2번인지 혼동되었지만 2번 크레인이라고 착각해서 차단기를 내렸고, 현장에서는 2번 크레인으로 작업하던 중량물이 갑자기 정지하여 흔들리면서 낙하하는 사고가 발생했다. 작업자 B는 1번 크레인 전원이 꺼진 줄로 알고 현장에서 전원 확인을 하지 않고 크레인 전원부를 손으로 만졌다가 감전을 당했다.

## 다. 점수별 해석 및 코칭 팁

○매우 우수(90점 이상)

-해석 : 인지 요인에 대한 점수가 매우 우수(90점 이상)으로 나타나는 경우 안전과 관련한 다양한 지식을 경험을 통해 갖추고 있다고 할 수 있다.

-코칭 팁 : 앞으로도 안전 교육 등을 통해 지속적으로 사고 예방에 필요한 정보를 습득하는 한편 주변의 안전 관련 지식 등이 부족한 사람에게 본인의 노하우를 공유할 수 있도록 적절한 코칭을 한다면 개인의 안전을 높이는 데 큰 도움이 될 것이다.

○우수(80점 이상 90점 미만)

-해석 : 대부분의 안전 문제를 처리할 수 있는 안전 지식을 가지고 있다고 할 수 있다.

-코칭 팁 : 개인의 안전 수준을 높이기 위해 앞으로도 꾸준히 안전 관련 정보를 습득하고 안전과 관련되어 자신에게 부족한 부분을 개선하기 위한 노력을 할 수 있도록 적절한 코칭이 필요하다.

○보통(70점 이상 80점 미만)

-해석 : 안전 문제를 처리할 수 있는 적절한 안전 지식을 가지고 있다고 할 수 있다.

-코칭 팁 : 개인의 안전 수준을 높이기 위해서는 기존에 알고 있던 **사고위험요인**, 작업 전 **안전점검사항**, 안전 관련 규정 등 안전 지식을 반복 학습하고 지속적으로 추가적인 안전과 관련한 지식을 습득할 수 있도록 적절한 코칭이 **필요하다.**

○미흡(70점 미만)

-해석 : 안전과 사고에 대한 지식 자체가 부족할 수 있다. 이는 작업 중 일어날 수 있는 **사고위험요인**, 작업 전 **안전점검사항**, 작업에 필요한 보호장비 등을 모르는 경우라고 볼 수 있다. 이는 작업을 처음 하거나 새로운 **환경**, 장비를 이용해 작업할 때 나타날 수 **있다.**

-코칭 팁 : 안전 관련 **규정**, 절차, 대처 방법을 충분히 습득할 수 있는 **별도의** 교육과 코칭이 필요하며 작업자 개인이 안전 관련 정보를 습득할 수 있도록 주변과 조직에서 돕거나 스스로 노력하게 하는 방식의 코칭이 **필요하다.**

## 라. 인지 요인 전반에 대한 코칭 팁

### (1) 개인 차원

○안전 관련 교육을 충분히 받은 **경우**

-안전과 관련된 교육을 충분히 받았지만 왜곡 해석으로 교육내용에 대한 이해도가 낮아 실제 상황에서 **착각**하거나, 깜빡할 수 **있다.**

-따라서 교육 이해도가 낮은 원인이 왜곡 해석으로 인한 것인지 점검이 **필요하다.**

-평소 작업시 착각이나 깜빡하여 위험이나 작업에 지장을 초래한 경우 앗차사고로 간주하여 대책을 강구 **한다.**

-관련 문항은 1, 15, 29, 36번이다.

○안전 관련 교육을 충분히 받지 못한 **경우**

-내부 또는 외부 안전과 관련된 교육을 충분히 받을 수 있도록 안내가 **필요하다.**

-교육을 진행한 후에 어느 정도 이해했는지 간단한 **시험**, 질문 등의 교육 성과 평가 등을 통해 이해도 점검이 **필요하다.**

-착각이나 **깜빡함**, 왜곡 해석 등의 이유로 안전 문제가 일어날 수 있다는 적절한 코칭이 **필요하다.**

-관련 문항은 8, 22, 43번이다.


O인지실패를 낮추기 위한 **조치사항**

-업무가 가중 되었을 땐 일의 우선 순위에 따라 처리한다.

-익숙한 일에도 주의를 기울인다.

-일을 임박해서 하기보다는 미리 하는 습관을 갖는다.

-중요한 사항은 메모를 **한다.**


## (2) 조직 차원

O안전교육을 강의식과 같이 기억이 오래가지 않는 방식으로만 하지 말고 도상실습이나 **현장실습**, 직접체험 또는 간접체험방식의 교육훈련을 실시 **한다.**

-안전소집단 활동을 **한다.** 작업반별로 매 작업 시작전에 **TBM(Tool Box Meeting)**, 위험예지활동을 하면서 팀원의 참여를 북돋는 방법을 권장한다.


O작업자가 착각하지 않도록 기계설비의 **명칭,** 기능 등 표지를 알기 쉽게 하고, 경고표지는 위험내용과 결과를 구체적으로 **표시한다.**


O작업을 계획하고 시행하는 방법과 절차를 규정하고 **시행한다.**

-위험한 작업은 사전에 작업내용을 **분석하고,** 위험성평가를 해서 **작업방법,** 보조작업자 지원 등을 **검토한다.**

-사소한 작업이라도 같은 작업상의 동료와 작업내용을 물어보고 확인하는 절차를 **습관화한다.**

-관리감독자의 작업지시는 명확하게 **한다.** 혼동의 우려가 없도록 지시한 것을 물어보고, 확인하는 것이 **좋다.**


O회사에서 인적에러 방지를 위한 안전가이드 및 인적오류 예방에 관한 인간공학적 안전보건관리 지침 등의 적용 정도를 **평가하고, 활용한다.**(부록 참조)

## 2. 동기 요인

### 가. 동기란?

○동기란 개인이 어떤 것을 하고자 하는 초기의지라고 할 수 있다. 즉, 동기는 개인이 어떤 행동에 노력을 기울일지 선택하게 **하고**, 그 행동에 얼마나 많은 노력을 들이게 **하고**, 그 행동을 얼마나 지속할지를 결정하게 하는 **힘**이다. 따라서 사람들이 특정 방식으로 행동하는 이유를 이해하기 위해서는 동기를 살펴볼 필요가 있다.

○동기 요인과 관련된 예시로는 **임금**이 지나치게 낮다거나 회사의 **미래** 비전이 좋지 않게 느껴져 일을 대충 하거나 상사가 직무와 관련이 적은 일만 시키거나 동료와의 **갈등**으로 인해 일과 회사에 집중하지 못하는 것 등이 있다.

○학문적으로 안전행동과 관련 있는 동기 요인은 **능력개발, 성공추구, 능력염려, 실패회피**라는 개념으로 연구되고 있다.

○실패회피 동기는 타인보다 낮은 결과 및 평가를 받지 않으려는 **것**이다. 실패회피 동기가 높을수록 무사안일 하는 경향이 있고 예전의 일처리 방식을 고수하려고 **한다**. 즉, 일에 대한 **성취감, 수행**, 그리고 업무처리 유연성이 떨어져서 예기치 못한 사고에 대처가 힘들 수 있다.

○본 검사에서 동기 요인은 학문적으로 다루는 요인에 비해 상대적으로 파악이 쉽고 현장에서 활용하기 쉬운 작업상황에서 개인이 중요하게 생각하는 **가치**, 안전규정에 대한 생각 등 안전에 대한 전반적인 신념과 직업에 대한 가치의 종합적 수준으로 구성되어 있다.

<요약>

❖ 동기란 개인이 어떤 것을 하고자 하는 초기의지이다.

❖ 동기 요인과 관련된 예시로는 임금, 회사의 낮은 비전, 직무와 관련 없는 업무, 동료 갈등으로 인해 일과 회사에 집중하지 못하는 것이 있다.

❖ 본 검사에서는 현장에서 활용하기 쉽도록 작업상황에서 개인이 중요하게 생각하는 가치, 안전규정에 대한 생각 등 안전에 대한 전반적인 신념과 직업에 대한 가치의 종합적 수준으로 구성되어 있다.

## 나. 사례

○사례 1

최근 경영 악화로 임금이 줄어든 회사원 H씨는 주변에서 열정 맨으로 불릴 정도로 자신이 맡은 업무와 회사에 자부심이 **있었다**. 하지만 임금이 줄어들면서 예전처럼 일에 의욕도 나지 않고 점차 무기력해져 사소한 실수를 많이 하게 **되었다**.

○사례 2

회사에서 취미로 밴드 활동을 하던 B씨는 얼마 전 회사 워크샵에서 밴드 공연을 하게 **되었다**. 처음에는 자신의 취미가 이상하게 보일까 걱정하던 B씨 였지만 그런 재주가 있었는지 몰랐다며 좋은 공연이었다는 사장의 **칭찬에** 자신감을 얻게 **되었다**. 자신감을 얻은 B씨는 결국 직장인 밴드 경연대회에 참가했고 상도 타게 **되었다**.

○사례 3

작업자 A는 최근 인사이동으로 집에서 먼 곳으로 배치를 **받았다**. 원하지 않는 인사라서 작업 의욕이 **떨어졌다**. 그래서 새로 배치받은 사업소에서 펌프 **교체** 작업을 하는 데 집중하지 못하고 안전작업 절차를 잘 검토하지도 않고 **대충하고**, 안전대를 착용하지도 않고 펌프 위에서 작업하다가 결국 추락하는 사고가 **발생했다**.

## 다. 점수별 해석 및 코칭 팁

○ 매우 우수(90점 이상)

-해석 : 개인의 성과나 동료와 좋은 관계보다 안전규정과 절차의 준수를 더 중요시하는 편이라고 할 수 있다.

-코칭 팁 : 안전에 대한 신념을 꾸준히 유지할 수 있도록 돕고 이를 주변에 전파 할 수 있는 방법 등에 대한 적절한 코칭이 **필요하다.**

○ 우수(80점 이상 90점 미만)

-해석 : 대체로 성과나 관계보다는 안전규정과 절차의 준수를 더 **중요시하고** 안전에 대한 신념을 유지하는 편이라고 할 수 있다.

-코칭 팁 : 무의식적으로 안전규정을 어기고 타협하지 않도록 꾸준히 주의를 기울일 수 있도록 적절한 코칭이 **필요하다.**

○ 보통(70점 이상 80점 미만)

-해석 : 안전규정과 절차가 중요하다고 생각은 하지만 상황에 따라 **다르다고** 생각할 수 있다. 이 또한 주변의 동료와 개인의 안전 인식에 영향을 미칠 수 있다.

-코칭 팁 : 안전의 의미와 안전에 대한 경각심을 유지할 수 있도록 적절한 코칭이 **필요하다.**

○ 미흡(70점 미만)

-해석 : 안전보다 동료와의 관계를 더 중시해 적절한 안전 절차를 지키지 않고 작업을 하거나 안전규정 자체가 일을 불편하게 만든다고 느낄 수 있다. 이런 경우 단순히 개인의 안전뿐 아니라 주변의 동료에게 영향을 미칠 수 있으며 이런 인식이 만연하게 퍼진다면 조직 전체의 안전에 대한 인식이 낮아져 안전사고가 빈번하게 일어날 수 있다.

-코칭 팁 : 개인의 성과나 관계보다 안전이 중요함과 자신의 안전하지 못한 행동이 주변의 동료들에게 영향을 미칠 수 있다는 내용 등 안전에 대한 동기의 중요성에 대한 코칭이 **필요하다.**

## 라. 동기 요인 전반에 대한 코칭 팁

### (1) 개인 차원

○동기가 낮은 원인의 파악이 필요

 -안전규칙을 필요하다거나 중요하다고 인식하고 있다기보다 자신의 편의를 방해하는 장애물로 인식하고 있지 않은가.

 -안전규칙의 필요성에 대해 피상적으로 이해하고 있지 않은가.

 -안전규칙의 필요성과 중요성을 인식할 수 있도록 코칭이 필요하다.

 -안전을 경시하게 된 원인이 지나치게 낮은 임금이거나 처음에 맡기로 한 직무와 현재 하는 일이 전혀 관련이 없지는 않은지 검토한다.

 -관련 문항은 2, 9, 16, 23, 30, 37번이다.


○실패회피 동기의 개선방안

 -자신의 목표를 '주어진 업무의 숙련을 통한 능력개발'로 세우고, 이를 실행하는 노력을 한다.

 -업무 전반에 대한 지식을 쌓고 예기치 못한 어려운 상황의 대처 능력을 키우기 위해서는 교육 참여나 동료와의 정보 공유와 같은 적극적인 활동을 한다.


### (2) 조직 차원

○작업이나 업무의 적성, 적합도를 평가하고 운영한다.

 -사업장 근로자의 업무적합성평가 기본지침(H-195-2018, 안전보건공단 KOSHA GUIDE))을 활용한다.


○근로자가 작업에 피동적으로만 참여하는 것이 아니라 자기 자신이 적극 참여하는 제도를 운영한다.

 -안전소집단 활동을 한다. 작업반별로 매 작업 시작전에 TBM(Tool Box Meeting), 위험예지활동을 하면서 팀원의 참여를 북돋는 방법을 권장한다.


○조직차원에서 작업자의 '하고자 하는 마음'을 높이기 위한 방안을 시행한다.

①경영진이 하고자 하는 마음에 철저한 자신의 모습을 근로자에게 보여준다.

 -회사의 비전이 근로자에게 긍정적인 영향이 있는지 확인한다.

②관리감독자가 먼저 하고자 하는 마음을 환기시키고 솔선수범한다.

③사는 보람이 있는 직장 만들기를 **추진한다.**(작업의 충실감과 하고자 하는 마음은 **정비례한다**)

④**프로의식**(작업에 긍지와 기쁨)을 제고 **한다.**

⑤**책임감**(프로는 자신의 작업에서는 오류를 일으키지 **않는다**)을 갖게 **한다.**

⑥직장의 전원이 결정한 안전행동목표에 **대해서.** '각자가 하지않으면 안 **된다**'는 결의를 갖게 **한다.**


○관리감독자의 역할을 충실하게 **실천한다.**

①부하와 함께 안전의 목표를 **설정한다.**

②부하가 목표를 달성할 수 있도록 **원조, 지도한다.**

③부하의 상호관계를 공평하게 **조정한다.**

④부하가 그룹 내에서 적응할 수 있도록 **배려한다.**

⑤부하의 **제안, 질문, 보고를 권장하고,** 또 **환영한다.**

⑥그룹 전체의 것을 우선적으로 **고려한다.**

⑦부하에 대해서, 다정한 인간성, 관용, 애정을 **갖는다.**

# 3. 정서 요인

## 가. 정서란?

○ 정서란 분노, 슬픔, 즐거움, 짜증 등으로 스트레스나 상황 같은 자극에 대한 주관적인 느낌이라고 할 수 있다. 정서는 일반적으로 긍정과 부정의 연속선상에서 폭넓게 나타난다.

○ 긍정적 정서 특성이 높은 사람들은 일반적으로 활동적이며 생기발랄하고 열정적이며 매사에 관심이 **많다**. 부정적 정서 특성이 높은 사람들은 삶에 **회의**적인 태도를 가지고 있고 두려움이나 불안을 느낄 가능성이 **크다**.

○ 정서 요인과 관련된 예시로는 최근에 연인과 헤어지면서 우울해져 업무 등에 집중하지 **못하**거나 직장 동료의 모함으로 자신의 평가가 안 좋아져 분노를 느껴 일에 집중하지 못하는 것 등이 있다.
  - 이런 정서나 감정 같은 정서적 스트레스는 기존의 스트레스에 더해져 일상과 업무에 더 큰 지장을 줄 수도 있다.

○ 특히 **걱정거리는**, 작업에 대한 주의력을 자주 중단시킨다. 잊어버리려고 하여도 떠오르는 것이 걱정거리의 **특징이며**, 가족의 질병, 대출금, 인간관계의 갈등, 이성과의 교제 등에 의해 걱정거리가 **시작되면**, 사태가 호전되지 않는 한 일에 집중할 수 **없다**.
  - 걱정거리가 **심각해지면**, 작업절차를 지키는 것을 잊어버리는 것과 같이 위험과 사고를 초래할 수 있다.

○ 학문적으로 안전행동과 관련 있는 정서 요인은 일과 **사람**, 만족과 **불만족**이라는 축으로 **일-만족, 일-불만족, 사람-만족, 사람**-불만족 이라는 개념으로 연구되고 있다.

○특히 **사람-불만족**은 **동료, 부하, 상사**로부터 슬픔, 좌절과 같은 부정적 정서를 느끼는 것을 말한다.

　-사람-불만족이 높을수록 정서적으로 **불안정하고**, 환경에 예민해져서 피로 감을 많이 느끼기 때문에 불안전행동을 할 가능성이 **높다.**

　-사람-불만족이 높은 사람은 스트레스로 인하여 낮은 업무 수행과 **생산성을** 보이거나, 안전관리 소홀로 이어질 수 있다.

○본 검사에서 정서 요인은 학문적으로 다루는 요인에 비해 상대적으로 파악이 쉽고 현장에서 활용하기 쉬운 스트레스와 정서의 조절에 관한 **요인** 으로서, 스트레스와 부정적 정서를 조절해 정서적 안정성을 얼마나 잘 유지 하는지에 대한 문항으로 구성되어 **있다.**

---

**<요약>**

❖ 정서란 **분노,** 슬픔 등으로 스트레스나 상황 같은 자극에 대한 주관적인 느낌이다.

❖ 정서 요인과 관련된 예시로는 어떤 사건에 의해 우울이나 분노를 느끼게 되어 일에 집중하지 못하는 것이 **있다.**

❖ 본 검사에서는 현장에서 활용하기 쉽도록 스트레스와 정서의 조절에 관한 **요인으로서,** 스트레스와 부정적 정서를 조절해 정서적 안정성을 얼마나 잘 유지하는지에 대한 문항으로 구성되어 **있다.**

---

## 나. 사례

○사례 1

이직면접을 앞둔 P씨는 연인에게서 이별 통보를 받게 되었고 P씨는 면접 중 우울감 때문에 집중하지 못해 면접에서 떨어지고 이직을 하지 못하게 되었다.

○사례 2

컨설팅회사의 부장으로 일하고 있는 H씨는 제안발표를 하게 **되었다.** 제안발표 후 심사위원의 질문에 화가 난 나머지 심사위원과 말다툼을 하게 되었고 결국 그 프로젝트는 다른 회사에서 진행하게 **되었다.**

○사례 3

작업자 A는 매사에 다른 사람들의 말을 부정적으로 생각해 동료들은 그와 작업을 할 때 중요한 절차에 관해 이야기 하기를 꺼리고 있다. 어느 날 이동식 크레인으로 중량물인 콘트롤 밸브를 이동시키는 작업에서 A가 외줄걸이를 하여 위험한 상황이지만 동료들은 양줄걸이로 하자고 이야기를 안 하고 그대로 작업하다가 밸브가 외줄걸이에서 탈락하여 낙하하는 사고가 **발생했다.**

## 다. 점수별 해석 및 코칭 팁

○매우 우수(90점 이상)

-해석 : 정서적으로 건강하고 평소 정서적인 문제를 잘 조절하여 일과 **생활에** 있어서 매우 안정적인 모습을 **보입니다.**

-코칭 팁 : 이들을 대상으로는 지금까지 해왔듯이 꾸준히 자신의 감정 **상태를** 돌아보고 보살필 수 있도록 코칭이 **필요하다.**

○우수(80점 이상 90점 미만)

-해석 : 정서적으로 건강한 **편이고,** 정서적인 문제도 낮은 **편입니다.**

-코칭 팁 : 이들을 대상으로는 부분적으로 조절하기 어려운 기분이 들 수 있으므로 평소에도 꾸준히 스트레스를 낮추고 자신을 관리할 수 있도록 코칭이 **필요하다.**

○보통(70점 이상 80점 미만)

-해석 : 평소 스트레스 수준에 따라 기분이 조절이 안 되거나 불행하다는 생각이 종종 발생할 수 **있습니다.**

-코칭 팁 : 이들을 대상으로는 부정적인 기분이 더욱 자주 발생하지 않도록 평상시 이완훈련이나 정서조절훈련을 통해 자기관리에 주의를 기울일 수 있도록 코칭이 **필요하다.**

○미흡(70점 미만)

-해석 : 화를 주체할 수 없거나, 업무에 대한 탈진감을 느끼거나 스트레스에서 벗어나지 못할 수 있다. 즉, 작업 도중 발생할 수 있는 사소한 다툼이나 사건에 지나치게 반응하거나 우울하거나 불안한 기분을 조절하지 못하고 안전 문제와 관련한 실수가 지속적으로 발생할 수 있다.

-코칭 팁 : 평소 불행하다는 생각이 계속된다면 개인의 삶은 물론 일에도 지장을 줄 수 있으므로 이완훈련이나 정서조절 훈련을 할 수 있도록 코칭이 필요하며, 심한 경우 관련 전문가의 도움을 받을 수 있도록 코칭이 필요하다.

## 라. 정서 요인 전반에 대한 코칭 팁

### (1) 개인 차원

○외부의 일시적인 사건에 의한 경우

-스트레스의 원인이 우울이나 분노 같은 정서적인 것인지 확인한다.

-평소 어려움을 나눌 수 있는 동료, 친구, 가족이 있는지 확인한다.

-회사내 또는 사외의 정서 조절훈련, 이완훈련 과정에 참여하도록 한다.

-회사내 또는 사외의 전문가에게 심리상담을 받도록 한다.

-관련 문항은 3, 10, 38, 53, 55, 59, 60번이 있다.

○개인의 내적 원인에 의한 경우

-자신의 결점이나 콤플렉스 등으로 우울이나 무기력함을 느끼는 것인지 점검을 한다.

-평소 어려움을 나눌 수 있는 동료, 친구, 가족이 있는지 확인한다.

-필요한 경우 집단상담이나 적절한 휴식을 취할 수 있도록 한다.

-명상, 요가와 같이 몸과 마음을 함께 이완시켜주는 요법이나 산책, 음악감상, 취미 생활 등이 도움이 된다.

-관련 문항은 24, 31, 44, 51, 57번이 있다.

○사람-불만족 해소 방안

-불만족을 초래한 상대의 역할에 대해 생각해 본다. 이는 나에게 불편함을 주는 상대의 탓이 아니라 상대방이 발휘하는 역할에 대해 생각해 보는 것이다.

-회사 동료들에 대한 배려를 통해 스스로가 동료들을 긍정적으로 대하는 노력을 한다.


## (2) 조직 차원

○업무환경(작업공간의 불편함, 공간의 협소, 어질러진 환경 등)이 작업에 불편하게 조성되어 있는지, 휴식시간과 공간은 근로자가 만족하게 생각하는지 확인한다.

-업무조건(업무시간, 업무강도, 업무만족도)이 근로자가 긍정적으로 생각하는지 확인한다.

-사업장 근로자의 업무적합성평가 기본지침(H-195-2018, KOSHA GUIDE)을 활용한다.


○평소에 관리감독자, 상사가 직접 근로자들의 걱정거리에 대한 상담에 참여해서 원만한 인간관계, 동료와의 대화 등을 유도한다.

-인사에 관한 문제, 고충상담 등을 자유롭게 상담할 수 있는 분위가 있는지 확인한다.


○직무스트레스의 일상적인 관리를 위한 관리감독자용 지침(KOSHA GUIDE, 부록 참조) 및 다음 지침을 활용한다.

-사업장 직무스트레스 예방 프로그램(H-40-2011, KOSHA GUIDE), 직무스트레스 자기관리를 위한 근로자용 지침(H-39-2011, KOSHA GUIDE)

-근로자의 우울증 예방을 위한 관리감독자용 지침(KOSHA GUIDE, 부록 참조)

-직장 따돌림 예방관리지침(H-204-2018, KOSHA GUDE)

# 4. 건강 요인

## 가. 건강 요인이란?

○건강은 신체와 뇌 기능 등 생물학적인 부분 그 자체라고 할 수 있다. 안전에 대한 폭 넓은 지식과 신념을 가지고 있더라도 신체와 사고 기능이 떨어진다면 안전에 위협이 될 수 있다.

○건강 요인과 관련된 예시로는 건망증이나 고혈압, 심근경색, 동맥경화 같은 기저질환이나 피로, 최근에 아픈 부위 등 최근에 갑작스레 컨디션이 나빠져 업무나 일상에 집중하지 못하는 것 등이 있다.

-신체적 스트레스는 정서적 스트레스의 원인이 되거나 갑작스런 사고의 원인이 될 수 있다.

-과로는 인간의 신체기능을 뚜렷하게 저하시켜, 작업 중의 긴장감과 작업의 정확함을 저하시키기 때문에, 불안전행동이나 오류를 유발하여 사고·재해로 이어질 가능성이 높아 진다.

○학문적으로 안전행동과 관련 있는 건강 요인은 심리적 우울, 신체적 우울, 심리적 피로도, 신체적 피로도라는 개념으로 연구되고 있다.

○특히 심리적 피로도란 업무 스트레스로 인해 정신적으로 지치고 탈진된 상태를 말한다. 심리적 피로도가 높은 경우, 업무에 대한 의욕 상실, 집중력 저하, 부정확한 일 처리, 관심과 흥미의 감소로 인해 업무의 능률이 저하될 가능성이 높다.

-심리적 피로는 주변에 대한 무관심뿐만 아니라 안전에 대한 무관심으로도 이어진다. 안전에 대한 무관심은 불안전 행동을 증가시키고 안전행동을 감소시켜 사고의 가능성을 높인다.

○본 검사에서 건강 요인은 학문적으로 다루는 요인에 비해 상대적으로 파악이 쉽고 현장에서 활용하기 쉬운 실수나 뇌 기능에 관한 종합적 요인으로 활동과 사고의 기능이 떨어지고 실수나 오류가 자주 발생하는지에 대한 **문항**으로 구성되어 **있다.**

---

**<요약>**

❖ 건강이란 신체와 뇌 기능 등 생물학적인 부분이라고 할 수 **있다.**

❖ 건강 요인과 관련된 예시로는 **건망증, 고혈압,** 심근경색 등 기저질환이나 최근의 **피로,** 컨디션 등이 나빠져 일과 회사에 집중하지 못하는 것 등이 있다.

❖ 본 검사에서는 현장에서 활용하기 쉽도록 실수나 뇌 기능에 관한 종합적 요인으로 활동가 사고의 기능이 떨어지고 실수나 오류가 자주 발생하는지에 대한 문항으로 구성되어 **있다.**

---

## 나. 사례

○사례 1

얼마 전부터 손목이 뻐근하던 택배기사 S씨는 별일이 아니라고 생각하고 파스와 진통제로 **버텨왔다.** 어느 날 평소 처럼 배달 도중 손목에 갑작스레 큰 통증이 찾아왔고 정형외과를 **방문했다.** 진료결과 손목의 인대가 너무 심하게 늘어나 치료가 필요하다는 이야기를 듣게 **되었다.**

○사례 2

최근 물건을 두고 나간다거나 만나는 사람의 이름이 잘 생각나지 않는 일이 많았던 B씨는 날이 갈수록 건망증이 심해져 병원에 **방문했다.** 검사결과 B씨는 뇌에 종양이 있었던 것을 발견하게 **되었다.**

○사례 3

작업자 A는 오늘 오전 50킬로그램짜리 수소봄베 여러 개를 트럭에서 내려 저장소로 옮겨야 **하는데,** 어제 밤 늦게까지 동료들과 회식을 하느라고 **술을** 평소보다 많이 마셔서 오늘 아침까지도 신체적 피로감으로 인해 머리가 맑지 않고 아픈 탓에 작업에 집중할 수 **없었다. 결국,** 수소 봄베를 옮기다 실수하여 놓쳤고 발등에 떨어져 발을 **다쳤다.**

## 다. 점수별 해석 및 코칭 팁

O 매우 우수(90점 이상)

-해석 : 사고기능과 신체기능이 매우 건강하고 일과 생활에서 잘 집중하고 그에 따라 좋은 성과를 거두는 편이다.

-코칭 팁 : 평소에도 꾸준히 건강에 도움이 되는 휴식과 운동을 유지할 수 있도록 코칭이 필요하다.

O 우수(80점 이상 90점 미만)

-해석 : 사고기능과 신체기능이 건강하고 일과 생활을 불편함 없이 잘 유지하는 편이다.

-코칭 팁 : 사고기능과 신체기능이 더 좋아지도록 휴식과 운동을 병행할 수 있도록 코칭이 필요하다.

O 보통(70점 이상 80점 미만)

-해석 : 사고기능, 신체기능 때문에 생활이나 업무 중 착오나 실수가 발생할 수도 있다.

-코칭 팁 : 평소 나타나는 착오나 실수의 원인이 사고기능이나 신체기능 때문은 아닌지 점검할 수 있도록 코칭이 필요하며 사고 기능이 더 떨어지지 않도록 평소 건강관리에 주의를 더욱 기울일 수 있도록 코칭이 필요하다.

O 미흡(70점 미만)

-해석 : 평소 생활이나 업무 중에 착오나 실수를 일으키거나 몸이 불편한 경우가 자주 발생할 수 있다.

-코칭 팁 : 착오나 실수가 더 자주 발생한다면 의료전문가에게 조언이나 도움을 받을 수 있도록 코칭이 필요하다.

## 라. 건강 요인 전반에 대한 코칭 팁

### (1) 개인 차원

○현재의 건강문제, 증상이 건망증, 고혈압, 심근경색 같은 기저질환에 의한 것인지 확인한다.

-또는 최근에 피로가 누적되었거나 갑자기 컨디션이 나빠진 것인지 확인한다.

-평소 휴식과 운동을 병행하면서 건강관리에 주의를 기울인다.

-평소보다 급격히 신체기능이 나빠지고 몸이 아프거나 반복적으로 몸이 아프다면 의료전문가에게 도움을 받도록 한다.

-관련 문항은 4, 11, 18, 25, 32, 39, 45, 49번이 있다.


○심리적 피로도에 가장 큰 원인은 과도한 스트레스이므로, 스트레스에 대처하는 방식을 개발하는 것이 중요하다.

-명상, 요가와 같이 몸과 마음을 함께 이완시켜주는 요법이나 산책, 음악감상, 취미 생활 등이 도움이 된다.


### (2) 조직 차원

○회사내에서의 근로자 건강증진 프로그램을 운영한다(KOSHA GUIDE 참조)

-기업건강증진지수 평가지침(H-201-2018, KOSHA GUIDE)

-사업장 건강증진활동 계획 수립 및 시행에 관한 지침(H-162-2014, KOSHA GUIDE)

-피로도 평가 및 관리지침(H-91-2012, KOSHA GUIDE)


○직무스트레스의 일상적인 관리를 위한 관리감독자용 지침(KOSHA GUIDE, 부록 참조) 및 다음 지침을 활용한다.

-사업장 직무스트레스 예방 프로그램(H-40-2011), 직무스트레스 자기관리를 위한 근로자용 지침(H-39-2011, KOSHA GUIDE)

# 5. 행동 요인

## 가. 행동 요인이란?

○행동 요인은 횡단보도를 건널 때 손을 들고 건너는 등 다른 사람은 잘 지키지 않는 규칙이나 절차를 실제로 잘 지킨다는 것이다.

-원칙과 절차는 지켜야 한다는 태도로 드러나는 것이다.

-습관이 되어 상황에 따라 달라지지 않고 평소에 늘 지속되는 것과 같은 **특징**이 있다.

○행동은 **인지, 동기, 정서, 성향** 각 요인에 비해 관찰하기 쉽다는 특징을 가지고 **있다. 또한,** 안전에 대한 지식이나 신념을 가지고 있다고 해서 이것들이 반드시 안전행동으로 나타나는 것은 **아니다.**

○학문적으로 행동 요인은 **준수행동, 안전습관, 실수, 위반**이라는 개념으로 연구되고 **있다.**

○실수 행동이란 자신도 모르게 불안전한 행동을 하는 **것이다.** 자신의 의지와 무관하게 실수로 불안전한 행동을 한다는 것은 매우 **위험하므로,** 그 원인을 이해하기 위해 노력해야 **한다.**

-일반적으로 실수 행동을 많이 하는 사람들은 집중력이 약하거나 불안감 또는 **신체적·심리적** 피로도가 높은 경향이 **있다.**

-평소에 자신의 신체와 심리를 지속적으로 모니터링하여 실수 행동을 **예방**할 필요가 **있다.**

○본 검사에서 행동 요인은 학문적으로 다루는 요인에 비해 상대적으로 파악이 쉽고 현장에서 활용하기 쉬운 안전과 관련한 행동의 실천에 관한 요인으로, 규칙과 절차에 따라 직무에 집중하는 정도로 구성되어 **있다.**

## 나. 사례

○사례 1

-태권도 관장인 K씨는 여건이 되지 않아 스스로 통학 차량을 운전해야
했다. 승하자를 도울 보조교사도 고용하지 못하고 혼자 도장과 학원 승합차를
운영하다 보니 항상 시간에 쫓겼다. 그러던 어느 날 초등학생 Y군이 승합차에서
내리던 순간 도복 끈이 문에 끼었고 그날따라 시간에 쫓기던 K씨는 학생이 잘
내렸는지 확인하지 않고 출발해 Y군은 다치고 말았다.


○사례 2

-아파트 경비원 M씨는 주변에서 규칙이나 절차 등을 반드시 지키는 사람
이라는 평가를 받고 있었다. M씨는 다른 경비원들과 달리 순찰을 할 때도
절차대로 구석구석 꼼꼼히 확인하는 습관이 있었는데 이런 M씨의 행동 덕분에
화단에 쓰러진 주민을 발견하고 늦지 않게 구급차를 부를 수 있었다.


○사례 3

-현장의 전기기계인 송풍기 고장 수리 시에는 작업허가서를 발급받고 차단
기를 내려 잠그고 작업하는 절차가 있으나, 이것은 시간이 걸리고, 현장 상황이
급하여 작업자 A가 작업허가서를 발급받지 않고 차단기를 내리기만 하고 우선
수리작업을 하는데 다른 동료가 차단기를 임의로 올려서 작업자 A가 감전되
었다.

## 다. 점수별 해석 및 코칭 팁

○ 매우 우수(90점 이상)

-해석 : 안전지식과 신념을 솔선수범하여 실천하고 점검하며 개선을 위한 노력을 기울인다고 할 수 있다. 또한, 작업에 주의 깊게 몰입하는 편이다.

-코칭 팁 : 안전지식과 신념을 솔선수범으로 실천하는 점을 칭찬하고, 지속적으로 하도록 격려한다.


○ 우수(80점 이상 90점 미만)

-해석 : 안전지식과 신념을 자율적으로 실천하고 작업에도 몰입하는 편이다.

-코칭 팁 : 평소 안전행동의 실천과 몰입을 지속적으로 하도록 격려하고, 작업상황을 확인한다.


○ 보통(70점 이상 80점 미만)

-해석 : 안전지식과 신념을 대체로 잘 실천하지만 경우에 따라 성과, 관계, 휴식 등이 안전에 우선할 수도 있다.

-코칭 팁 : 안전지식과 신념이 습관화된 안전행동으로 나타날 수 있게 제도적으로 검토하고, 확인한다.


○ 미흡(70점 미만)

-해석 : 머리로는 안전규정이나 안전에 대한 중요성은 알고 있으나 시간을 절약하거나, 간단한 작업이라는 이유로 적절한 안전 절차를 준수하지 않는 등 안전의식이 지식이나 신념 차원에 머무르고 있다고 할 수 있다.

-코칭 팁 : 안전에 대한 지식과 신념이 안전행동으로 실천되기 어려운 부분을 찾아내고 안전행동을 개선하기 위해 제도적인 계획과 실천이 필요하다.

## 라. 행동 요인 전반에 대한 코칭 팁

### (1)개인 차원

○실제로 안전행동이 나타나는지에 대해 점검이 **필요**

-다른 사람들이 안전규정이나 절차를 지키지 않는다고 자신도 **안전규정이나** 절차를 가볍게 생각하고 있는지 **점검한다.**

-안전지식, 안전규정 및 절차를 지키고자 하지만 행동으로는 이어지는지 점검한다.

-안전지식을 실천하고자 하는 마음이 행동으로 드러나는 것이 중요하다는 것을 일깨워 준다.

-안전행동이 습관화될 수 있도록 **조언하고,** 서로의 의견을 나눈다.

-관련 문항은 5, 12, 19, 26, 33, 40번이 있다.

### (2) 조직 차원

○회사 차원의 **안전규정, 안전작업지침, 위험성평가제도** 등 안전작업을 위한 매뉴얼의 운영 정도를 **평가한다.**

○회사 차원의 **안전준수,** 불안전행동에 대한 교육과정을 **운영한다.**

-안전행동 불이행에 대한 규제를 **검토한다.**

-근로자의 안전행동 수준을 **파악하고,** 작업시 안전행동을 모니터링 하는 제도의 실시를 **추진한다.**

-앗차사고, 불안전행동사고의 모니터링과 대책을 제도적으로 **실시한다.**

○인적오류 예방에 관한 인간공학적 안전보건관리 지침 및 인적에러 방지를 위한 **안전가이드(KOSHA GUIDE, 부록 참조)** 등의 운영 상태를 **평가하고,** 적용한다.

# 6. 성향 요인

## 가. 성향 요인이란?

○성향은 개인을 특징짓는 지속적이면서 일관된 행동 양식이다. 즉, 주어진 상황에서 한 사람이 어떤 행동을 할 것인지 예상할 수 있게 해주는 것이다. 이런 성향은 안전을 유지하거나 사고를 낮출 수 있는 개인 특징 중 하나이다.

○성향 요인과 관련된 예시로는 급한 성격을 가지고 있어 절차를 건너뛰거나 게을러서 일을 미루다가 급하게 밀린 일을 처리하는 것이다.

-사람 만나는 것을 좋아하는 외향적 성격인 경우 타인과 정보교류가 활발한 반면, 사람을 만나는 것을 부담스러워하는 내향적 성격인 경우 작업에 대한 정보에 둔감할 수 있다.

○학문적으로 안전행동과 관련 있는 성향 요인은 성실성, 개방성, 우호성, 외향성, 신경성, 스트레스 내성, 계획성, 충동성, 침착성(안정성)이라는 개념으로 연구되고 있다.

○성실성은 자신의 일에 최선을 다하고 규칙이나 원칙을 기꺼이 지키려는 성향을 말한다. 성실성이 낮은 사람은 업무에 있어 완벽을 가하지 않고 적당하게 처리하는 경향이 있다. 따라서 업무 수행의 절차나 규칙을 위반할 가능성이 있어 위험을 초래할 수 있다.

-성실성이 낮은 사람은 일이 나에게 주는 의미와 중요성을 깊이 있게 성찰해볼 필요가 있다. 규칙을 따르는 것이 곧 상대방을 배려하는 것일 뿐만 아니라, 나에게도 이득이 된다는 것을 이해하여야 한다.

-성실성이 낮은 사람은 자신이 맡은 일에 책임감을 가지고 규칙과 절차에 따라 임무를 달성하려는 노력이 필요하다.

○안정성은 정서적으로 불안하지 않고 차분한 성향을 가진 것이다.

-정서적으로 안정되지 않으면 사소한 일에 민감하고 걱정이 많으며 쉽게 불안해한다.

-안정성이 낮으면 정보처리 능력이 저하될 수 있고 불안정 행동(다리 떨기, 손 물어뜯기 등)을 자주 보이며, 감정을 잘 조절하지 못하는 경향이 있다. 그 결과 작업 중 안전장치 사용을 잊거나, 마음이 안정되지 않은 상태에서 장비를 조작하여 안전사고로 이어질 가능성이 있다.

○본 검사에서 성향 요인은 학문적으로 다루는 요인에 비해 상대적으로 파악이 쉽고 현장에서 활용하기 쉬운 안전을 유지하고 사고를 낮출 수 있는 개인의 성향에 관한 요인으로서, 평상시 성실하고 조심스럽고, 자신감과 책임감 있게 직무를 수행하는 정도로 구성되어 있다.

---

<요약>

❖ 성향이란 개인을 특징짓는 지속적이면서 일관된 행동 양식이다.

❖ 성향 요인과 관련된 예시로는 급하거나 게으른 성격, 외향적 이거나 내향적 성격 등이 있다.

❖ 본 검사에서는 현장에서 활용하기 쉽도록 전을 유지하고 사고를 낮출 수 있는 개인의 성향에 관한 요인으로서, 평상시 성실하고 조심스럽고, 자신감과 책임감 있게 직무를 수행하는 정도로 구성되어 있다.

---

## 나. 사례

○사례 1

-건물 환경미화원인 P씨는 평소 성격이 급해 뭐든지 빨리하지 않으면 직성이 풀리지 않았다. 어느 날 계단 청소를 빨리 마치고 쉬고 싶었던 P씨는 세척액을 푼 물을 계단에 뿌리고 걸레질을 하던 중 계단에 뿌려둔 물 때문에 미끄러져 계단에서 구르게 되었고 팔과 다리에 골절상을 입게 되었다.

○사례 2

-다소 게으르고 느긋한 성격인 H씨는 최근에 프리랜서로 일하기 시작했다. 회사에 다닐 때는 게으르고 느긋해도 주변 동료의 도움으로 일이 밀리거나 하지 않았지만, 프리랜서로 일을 할 때는 혼자 하다 보니 일정에 맞춰 일을 끝내지 못하는 일이 계속 발생했다. 그 결과 H씨에게 일을 의뢰하는 사람들이 적어졌다.

○사례 3

-작업자는 새로운 작업을 하기 전에 위험성 평가를 하고 작업계획을 꼼꼼하게 수립하여 수행하여야 한다. 작업자 A는 작업에 있어서 성실성이 부족하여 대충하는 성향이다. 이 때문에 새로운 설비를 설치하는 작업에서 위험성 평가를 현실에 맞지 않게 하여 설치 공사에 시간이 배로 걸리고, 완공날짜를 서두르다 보니 무리하게 되어 크레인으로 부품 운반 시 낙하하는 사고가 발생했다.

## 다. 점수별 해석 및 코칭 팁

○매우 우수(90점 이상)

-해석 : 자신의 몸과 마음을 잘 점검하고 관리해 직무 수행 시 실수가 적고, 안전하게 수행하는 편으로 주변 동료들에게 큰 신뢰감을 줄 뿐만 아니라 긍정적 영향을 주는 편이다.

-코칭 팁 : 앞으로도 직무를 실수 없고 안전하게 수행해 주변의 동료들에게 긍정적인 영향을 줄 수 있도록 격려한다.

○우수(80점 이상 90점 미만)

-해석 : 자신의 몸과 마음을 잘 점검하고 관리하여 직무 수행 시 실수가 적고, 안전하게 수행하는 편이다.

-코칭 팁 : 주변 동료들에게 신뢰감을 주고, 긍정적 영향을 줄 수 있도록 자기관리에 좀 더 주의를 기울이도록 지도한다.

○보통(70점 이상 80점 미만)

-해석 : 직무 수행 시 대체로 실수가 적고 안전한 경향성을 보이지만 간혹 안전 문제를 보일 수 있다.

-코칭 팁 : 간혹 있을 수 있는 안전 문제를 대비해 주의를 기울이고, 성실한 자세를 유지할 수 있도록 조언한다.


○미흡(70점 미만)

-해석 : 다른 사람에 비해 상대적으로 안전 문제에 대한 자신감이 낮고 위험을 무릅쓰거나 일에 있어서 안전보다 재미를 추구하는 성향일 수 있다.

-코칭 팁 : 자신의 이런 성향을 모르거나 인식하지 못하는 사이에 성향에 영향을 받게 되므로 자신의 성향에 대한 이해가 필요하고 안전사고를 일으킬 만한 요소들을 평소에 찾아보고 개선해 안전 문제에 대한 자신감을 개선할 수 있도록 충고한다.

## 라. 성향 요인 전반에 대한 코칭 팁

### (1) 개인 차원

○성향 그 자체와 관련된 경우

-자신이 어떤 성향을 가지고 있는지에 대하여 우선적인 이해가 필요하다.

-자신의 성향과 안전사고와의 관련성에 대한 점검이 필요하다.

-안전행동을 의도적으로 하는 등 지속적이고 반복적으로 습관화를 통해 안전행동 습관을 만들 수 있도록 적절한 지도가 필요하다.

-자신의 강점을 탐색할 수 있도록 지도가 필요하며 자신감을 가질 수 있도록 작은 일부터 하나씩 할 수 있도록 지도가 필요하다.

-관련 문항은 6, 13, 20, 27, 34, 41, 46, 50번이 있다


○행동통제와 관련된 성향인 경우

-자신의 안전행동을 스스로 통제할 수 있는지 또는 없는지에 대하여 우선 살펴보도록 한다.

-이후, 스스로 행동을 통제할 수 있도록 하는 방법적인 지도의 접근이 필요하다.

-안전행동을 의도적으로 반복적, 지속적으로 함으로써 이를 습관화시켜 안전행동 습관을 만들 수 있도록 하는 지도가 **필요하다.**

-관련 문항은 52, 54, 56, 58번이 있다.


## (2) 조직 차원

○작업자의 성향에 대한 조직적 **파악(평가)**과 관리가 되고 있는가에 대한 점검

-근로자들이 서로 잘 어울려 친밀감을 갖도록 운동경기, 야유회 등 회합을 정기적으로 실시

-불안정성인 근로자, 정신적 어려움이 있는 근로자에 대한 상담센터 운영

-**심신수련센터**, 명상센터의 사업장 내 운영

-규칙적인 운동을 할 수 있는 실내외 트레이닝센터의 운영을 통한 심리적 안정 유지

-근로자의 우울증 예방을 위한 관리감독자용 **지침(KOSHA GUIDE,** 부록 참조) 운영

-직장 따돌림 예방관리지침(H-204-2018, KOSHA GUIDE)의 운영


○실수와 오류를 일으킨 **작업, 설비,** 작업자 등에 대한 관리방안의 운영

- **앗차사고,** 불안전행동 사고 사례 수집과 교육과정 운영 **검토**

- 인적오류 예방에 관한 인간공학적 안전보건관리 지침 및 인적에러 방지를 위한 안전가이드의 운영(부록 참조, KOSHA GUIDE)

# 안전심리 척도 사용자 매뉴얼 부록

# <부록 1> 인적에러 방지를 위한 안전가이드

KOSHA GUIDE G-120-2015

## 1. 목 적

이 지침은 작업자의 인적 에러로 발생할 수 있는 상해 및 질병 등을 사전에 예방하여 작업의 효율성을 높이고 불필요한 비용을 줄일 수 있는 기술적 사항을 정함을 목적으로 한다.

## 2. 적용범위

이 지침은 사업장에서 근로자 및 관리자에게 적용한다.

## 3. 용어의 정의

(1) 이 지침에서 사용하는 용어의 정의는 다음과 같다.

(가) "인간공학(Human factor)"의 정의는 넓게는 사람이 특정 환경, 제품과 서비스와 관련하여 사람이 육체적 정신적으로 어떻게 행동하는가에 대한 학문이며, 좁게는 사람과 사람의 행동에 영향을 미치는 인자들을 말한다. 하지만 인적 에러와 관련한 인간공학의 의미는 사고의 원인이 사람인 경우를 살펴보고, 인적 원인을 작업, 작업자 및 조직의 세 가지 측면에서 검토해 보는 것이다.

(나) "인적 에러(Human error)"라 함은 사람이 원하는 목표를 성취하기 위해 계획된 행동이 실패한 것을 말한다. 인적 에러는 과실 또는 오수행(Slip), 망각 또는 건망증(Lapse), 조작실수(Mistake) 및 규칙위반(Violation)으로 구분된다.

(다) "과실이나 오수행(Slip)"이라 함은 작업에 대한 주의집중의 실패를 말한다.

(라) "망각이나 건망증(Lapse)"이라 함은 작업에 대한 기억의 실패를 말한다.

(마) "조작실수(Mistake)"라 함은 잘못된 추론, 부주의, 부족한 지식 등으로

규정이나 절차를 잘못 이해하여 한 행동이나 판단을 말한다.

(바) "규칙위반(Violation)"이라 함은 규정이나 절차를 위반한 계획적인 일탈 행위를 말한다.


(2) 그 밖에 이 지침에 사용하는 용어의 정의는 이 지침에 특별한 규정이 있는 경우를 제외하고는 산업안전보건법, 같은 법 시행령, 같은 법 시행규칙, 산업안전보건 기준에 관한 규칙 및 관련 고시에서 정하는 바에 의한다.

## 4. 인적 오류의 종류

인적 오류 또는 불안전한 행동의 종류는 <그림 1>과 같이 구분할 수 있다.

### <그림 1> 인적오류의 종류

인적 오류의 예는 <표 1>에서 제시한다.

<**표 1**> **인적 오류의 예**

| 인적 오류 | | 예 시 |
|---|---|---|
| 의도되지 않은 행동 | 과실/<br>오수행<br>(부주의에<br>의한 실수) | 화학반응에 의해 유사한 이름을 갖는 두 개의 물질이 제조된다. 각각의 물질은 알칼리도를 유지하기 위해 무기성 성분이 들어 있어야 한다. 매 반응마다 화학 성분의 비를 다양하게 바꾸기 위한 개발작업이 진행 중 이었다.<br>어떤 화학자가 필요한 무기성 성분의 양을 계산하는데 있어 **부주의로** 유효자리수를 바꾸어 넣었다. 이의 결과로써 어떤 반응이 필요한 성분양의 70%로 수행되었고, 발열반응이 **생겼다.**<br>이에 따라 폭발이 일어났고 제조공장이 **파괴되었다.** 이러한 결과는 **예상하지** 못한 화학반응에 대처하는 장치설계와 계산과정을 **검토하는** 체계가 갖추어지지 않았기 **때문이다.** |
| | 망각/<br>건망증 | 경험이 많은 급유차 운전자가 가연성 액체탱크로부터 급유를 거의 마쳐갈 때 옆에 있는 전화기에서 벨이 **울렸다.** 급유하는 것을 무시한 채 운전자는 주유장치의 여러 밸브들을 잠그고, 약 5분 동안 전화 받으러 **갔다.**<br>주유장치로부터 주유 호스를 분리시키는 것을 잊어버린 채 자동차로 돌아와서 시동을 켜고 **주행하였다.** 장치에 고정된 배관망이 부숴지고 가연성 액체 1톤 가량이 **쏟아졌다.** 주유 중인 자동차가 운전할 때를 대비하는 보호장비가 주유장치에 마련되어 있지 **않았다.** |
| 의도된 행동 | 조작실수<br>-착각 | 작업자는 탱크에 연료를 채우는 작업에 매우 **익숙하다.** 그는 채우는 작업이 30분 정도 소요될 것이라 **예상했다.** 그러나 탱크에 연결하는 파이프는 직경이 큰 것으로 교체되어 예상보다 빠르게 탱크를 **채웠다.** 그는 탱크가 빨리 채워지고 있음을 알리는 수위 높음 경고를 무시 **했다.** 그 결과 탱크는 **넘쳤다.**<br>장치가 일부 교체된 사실을 작업자가 알 수 없었던 정보전달체계 때문에 위험이 **발생했다.** |
| | 조작실수<br>-착오 | 터널의 붕괴사고 후의 조사에서 터널이 불안정해졌을 때 원인 **조사를** 하는데 있어 검사 장비에 의존하지 않고 한 사람의 경험에 **의존했** 다는 것이 **밝혀졌다.** 경험에 의존하는 것은 실질적으로 전문가가 알고 있는 바에 따라 조사가 이루어지기 때문에 예상치 못한 **대규모** 붕괴를 막는데는 적합하지 **않았다.** 전문가는 터널 조사를 위한 보다 신뢰성 있는 장비를 사용해야 **했다.** |
| | 일상적<br>규칙위반 | 어떤 철도 사고는 규정된 방법을 따르지 않아 발생했음이 조사 결과 **밝혀졌다.** 허술한 감독과 훈련이 되풀이되었음이 **드러났다.** 철도회사의 연구보고서에 따르면 80%의 작업자는 규정에 따라야 하는 것에 불만을 가지고 **있었으며,** 95%의 작업자는 모든 규정을 따른다면 작업을 제시간에 완료할 수 없다고 **생각했다.** |

| | | |
|---|---|---|
| | 상황적<br>규칙위반 | 작업자가 지상 **20 m** 높이에서 건설 중인 구조물에서 떨어져 **사망**했다. 작업 설비들은 제공되었다 할지라도 그를 잡아줄 안전대 등 보호구가 없었고 작동되는 안전보호장비도 **없었다.** |
| | 예외적<br>규칙위반 | 체르노빌 원자력 발전소에서 사고가 있기 전에 일련의 검사가 **시행**되었다. 인적오류가 위험한 저전력 상태를 야기하여 시험은 중단될 수 밖에 **없었다.**<br>체르노빌 원자력 발전소에서처럼 검사가 중단되지 않기 위해 **작업**자와 기술자는 점차 불안정해지는 상황에 즉각적으로 대처할 수 있어야 **했다.** |

## 4.1 에러

의도되지 않은 행위 혹은 결정으로 바람직하지 않은 결과를 **초래한다**. 작업 환경에 의한 **스트레스**, 고열과 소음 및 **진동**, 빈약한 **조명**, **습기**, 제한된 작업 공간 등에 의해 에러를 유발시킬 수 **있으며**, 여기에 높은 작업 강도와 **단조로운 작업성격**, 적절한 훈련의 부재와 부실한 장비도 에러를 유발하는 **요인이다.** 에러는 단순 에러와 복합 에러로 **나누어진다**. 단순 에러는 행위의 과실과 **망각,** 복합 에러는 착각과 착오로 **구분된다.**

(1) 단순에러
행위의 과실(오수행)과 망각(건망증)으로 **구분된다.**
(가) 과실/오수행(부주의에 의한 손실)
작업 수행 시의 에러를 말하며 다음과 같은 경우에 **발생한다.**
① 절차상 너무 빠르거나 혹은 늦게 작업을 수행할 **때**
② 작업단계가 생략되거나 섞일 **때**
③ 작업 시 너무 많은 힘을 가하거나 혹은 적게 가할 **때**
④ 작업 시 방향을 잘못 잡을 **때**
⑤ 목표를 잘못 잡을 **때**
(나) 망각/건망증
수행해야 할 작업 행위와 작업 장소 등을 잊어버리는 것을 **말한다.**

(2) 복합에러

보다 복잡한 유형의 에러로서 잘못된 것을 옳다고 믿는 것에서 유발된다. 이것은 작업의 설계, 평가 정보, 의도와 판단 결과 등을 관리하는 정신적 과정상의 에러를 말한다. 여기에는 착각과 착오가 있다.

(가) 조작에러-착각

기억된 규정 혹은 익숙한 절차에 근거하여 행동할 때 에러가 발생한다.

(나) 조작에러-착오

익숙하지 않은 환경에서 의식적으로 작업 목적을 작업자 스스로 만들고, 계획과 절차를 따라간다. 착오는 무경험과 정보의 부족도 착오를 야기하는 주된 요인이다.

## 4.2 규칙위반

규칙위반은 일상적 위반, 상황적 위반 및 예외적 위반으로 구분된다. 조직의 문화와 관리상의 목적 그리고 우선순위가 안전보건규정에 대한 위반을 야기할 수 있다. 따라서 관리자 혹은 감독자는 작업자들에게 잘못된 정보를 제공해서는 안 되며 항상 충분한 소통을 해야 한다.

(1) 일상적 위반

규정과 절차의 위반이 작업그룹 내에서는 일반적인 작업방식이 된다. 그 원인은 다음과 같다.

(가) 시간과 에너지를 절약하려는 무리한 시도

(나) 규정이 너무 제약적이라는 생각

(다) 규정 적용이 더 이상 어렵다는 믿음

(라) 규정 준수를 강제할 수 있는 힘의 부족

(2) 상황적 위반

작업이 시간과 인력 그리고 유효한 장비의 부족 등으로 인해 압박을 받을 때 상황적 위반을 하게 된다. 이러한 특수한 상황에서는 규정과 절차의 엄격한 적용이 어렵다.

(3) 예외적 위반

어떤 작업이 잘못 실행되고 있을 때 예외적 위반이 발생한다. 이러한 상황을 방지 하기 위해서는 다음과 같은 조치가 있어야 한다.

(가) 응급 상황에 대비한 적절한 훈련

(나) 위험성 평가 시 이러한 상황을 가정하여 대비

(다) 작업자에 대한 시간상의 압박 조건을 줄임

# 5. 인적 오류의 원인

작업자의 안전보건에 관한 인적 오류의 원인은 작업 자체, 작업자 및 조직의 세 가지 관점에서 검토할 수 있다.

## 5.1 작업에 의한 원인

(1) 장비나 기자재의 부적절한 설계

(2) 계속되는 소란 행위와 작업 방해

(3) 누락되거나 불명확한 사용설명서

(4) 정비 불량

(5) 과도한 작업량

(6) 소음 등과 같은 불편한 작업 환경

## 5.2 작업자에 의한 원인

(1) 숙련도 부족

(2) 피로

(3) 무관심 또는 무기력

(4) 건강문제

## 5.3 조직과 관리에 대한 원인

(1) 빈약한 작업계획과 높은 작업 강도
(2) 안전장치 또는 방호벽의 부족
(3) 발생된 사고에 대한 부적합한 대응
(4) 불완전한 공동작업과 책임소재의 불명확성
(5) 일방통행식 소통
(6) 안전보건에 대한 빈약한 환경 및 관리

# 6. 인적 오류의 결과

인적 오류의 결과는 바로 나타날 수도 있고 일정 기간 후에 나타날 수도 있다.

## 6.1 능동적 실패

바로 결과가 나타나는 실패를 말하며, 운전자, 통제실 운영 요원 혹은 기계 작동자와 같은 현장작업자에 의해 실패가 유발된다. 실패는 안전보건에 즉각적인 효과가 나타난다.

## 6.2 잠재적 실패

설계자, 결정권자 그리고 관리자 등의 업무활동에서 시공간적으로 업무를 제대로 할 수 없을 때 나타나는 실패를 말한다. 잠재적 실패는 능동적 실패와 마찬가지로 안전 보건에 커다란 잠재적 위험을 나타낸다. 잠재적 실패는 다음과 같은 이유로 발생 된다.

(1) 플랜트 및 장비의 부적절한 설계

(2) 비효과적 훈련

(3) 부적절한 감독

(4) 비효과적인 의사소통

(5) 역할과 책임에 있어서의 모호성

## 7. 인적 오류의 방지대책

(1) 상황을 검토하여 실수를 증가시키는 스트레스 요인을 줄여야 한다. 스트레스의 원인과 효과는 <그림 2>와 같다.

<그림 2> 스트레스의 원인과 효과

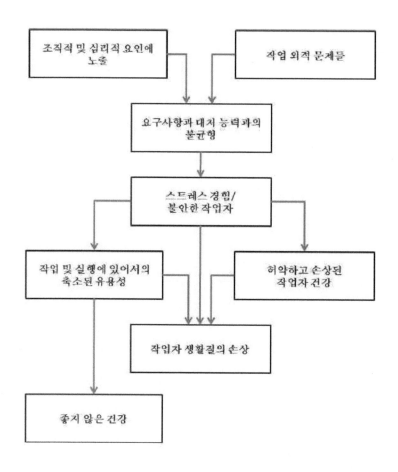

(2) 과실(오수행)과 망각(건망증)을 방지하거나 그것들을 인지하고 교정할 수 있도록 설비와 장비를 인간공학적으로 설계하여야 **한다**.

(3) 적절한 훈련도 **효율적이다**.

(4) 복잡한 결정이나 진단 그리고 계산 등을 필요로 하는 작업은 가능한 미리 그 절차를 명확히 규정하여야 **한다**.

(5) 특히 경험이 적은 작업자들에 대한 감독을 철저히 **한다**.

(6) 규정과 절차를 **보완하고, 간소화하며,** 상시 **점검한다**.

(7) 위험성 평가를 통해 실수할 가능성을 상시 **고려한다**.

(8) 사고의 재발을 방지하기 위해 위험을 줄일 수 있는 조치를 **취하고,** 사고에 대한 면밀한 조사를 **행한다**.

(9) 실수를 줄이기 위해 취해진 조치들을 모니터링 하여 그것이 **효율적인가를** 검토해야 **한다**.

# 8. 인적 에러를 줄이기 위한 방안

## 8.1 실수의 원인

(1) 피로와 스트레스
(2) 작업량이 많음
(3) 작업자의 정신적·육체적 부적절성
(4) 작업자의 훈련 부족

## 8.2 작업자의 실수 유형에 따른 감소 방안

### (1) 과실(오수행)과 망각(건망증)

작업자가 효율적인 작업을 할 수 있도록 작업시간에 대한 계획을 보다 세밀히 하며, 작업자에 관한 훈련을 **병행한다**. 또한 작업자의 실수를 방지하기 위해 기계 설비의 미비사항에 대한 보완조치도 **병행한다**.

### (2) 조작실수-착각과 착오

규정이나 절차를 잊었거나 전혀 이해하지 못하면 작업자는 작업 시 잘못된 결정을 할 수 있다. 따라서 작업자는 작업 목표를 숙지했음에도 실수와 잘못된 행동을 **한다**. 이를 방지하기 위해서는 무엇보다도 작업자에 대한 훈련이 **중요하다**.

### (3) 규칙위반

이것은 인적 에러의 가장 고질적인 **문제이다**. 이러한 위반 행동을 방지하기 위해서는 작업자에 관한 관리 감독을 강화해야 **한다**.

## 9. 보수작업 시 인적 에러 방지대책

보수작업 시 인적 에러로부터 주요 사고위험을 방지하기 위한 유형별 방지 대책은 다음과 같다.

### (1) 작업 계획

위험평가에 따른 위험요소 유형 분류 및 **관리방안**, 작업 시 손상될 수 있는 부품에 대한 **보호조치**, 작업자의 안전한 작업 실행을 위한 작업량과 시간, 건강사항 등을 **점검한다**.

### (2) 장비 분리

위험요소를 신속히 제거할 수 있는 방안을 **마련한다**.

(3) 장비 접근

덮개와 해치 개방을 통해 장비의 접근을 양호하게 **한다.**

(4) 수리작업 **수행**

장비의 상태를 양호하게 유지하기 위해서 시각 및 도구를 이용한 검사를 **시행하고,** 필요한 교체 혹은 수리작업을 **실행한다.**

(5) 재조립 작업

장비의 올바른 정렬과 재조립 과정을 통해 실수를 억제하도록 **한다.**

(6) 분리 제거

장비를 안전하게 재작동 시키기 위해서는 장비복구를 엄격히 **하고,** 문제 발생 시 신속한 재분리가 가능하도록 **한다.**

(7) 장비의 작동과 **검사**

장비의 적절한 작동을 위해 위치가 올바른가 **점검하고,** 엄격한 시험절차를 **적용하며,** 인가된 사람에게만 접근을 **허용한다.**

# <부록 2> 직무스트레스의 일상적인 관리를 위한 관리감독자용 지침

KOSHA GUIDE H-38-2011

## 1. 목적

이 지침은 산업안전보건기준에 관한 규칙 제669조 "직무스트레스에 의한 건강장해 예방 조치"에 의거 근로자의 직무스트레스를 예방하고 관리를 하기 위하여 관리감독자에게 필요한 사항을 정함을 목적으로 한다.

## 2. 적용범위

이 지침은 관리감독자가 있는 모든 사업장에 적용한다.

## 3. 용어의 정의

(1) 이 지침에서 사용하는 용어의 정의는 다음과 같다.
(가) "관리감독자"라 함은 산업안전보건법 제16조에 언급된 경영조직에서 생산과 관련되는 업무와 그 소속 직원을 직접 지휘·감독하는 부서의 장 또는 그 직위를 담당하는 자를 말한다.

(2) 그 밖에 이 지침에서 사용하는 용어의 정의는 이 지침에 특별한 규정이 있는 경우를 제외하고는 산업안전보건법, 같은 법 시행령, 같은 법 시행규칙 및 안전보건규칙에서 정하는 바에 의한다.

# 4. 관리감독자 역할의 중요성

(1) 직무스트레스로 인해 힘들 때, 상담할 수 있는 사람이나 도와줄 사람이 있거나 혹은 직무 만족감이 높은 경우는 직무 스트레스에 대한 내성이 강해져 직무 스트레스에 의한 증상이나 병에 잘 걸리지 않는다.

(2) '평상시와 다른' 근로자를 조기에 알아채고 그에 대응하는 것은 사업장 정신 건강문제의 조기발견 및 조기 대응면에서 대단히 중요한 일이고, 관리감독자가 이러한 역할을 적절히 수행하면 직무스트레스 예방 및 관리에 큰 도움이 될 수 있다.

# 5. 관리감독자의 예방 활동

(1) 근로자의 직무스트레스 예방과 관리를 위하여 관리감독자는 일상관리, 조기발견과 조기대응 그리고 직장복귀 지원을 수행한다.

## 5.1 일상 관리

(1) 근로자들의 평소 업무의 질, 양, 장시간 노동, 휴일 출근 등의 상태를 파악하고, 특정 개인에게 과중한 노동 부하나 책임이 집중되어 있지 않는지 주의하여 살핀다.

(2) 일이나 직장의 여러 가지 기회를 바탕으로 직원들과 많은 교류를 하여 상담하기 쉬운 신뢰관계를 구축한다.

(3) 교류를 통해 근로자의 성격, 행동, 기타 특징을 평소에 파악하여, 이들의 변화나 평상시와 달라진 점이 생기면 즉각 알 수 있도록 노력한다.

(4) 소속 근로자들의 직무스트레스에 대한 대처 능력을 키워주는 노력을 한다.

## 5.2 '평상시와 다른' 근로자의 조기 발견 및 조기대응

(1) '평상시와 다른' 근로자의 조기발견

(가) 사업장 관리에서 중요한 것은 관리감독자가 '평상시와 다른' 근로자를 빨리 알아채는 것이다. '평상시와 다른' 근로자의 일반적인 모습은 다음 <표 1>에 제시한 것과 같다.

(나) 조속히 알아채기 위해서는 평소부터 근로자들에게 관심을 가지고 **평소의 행동양식**이나 인간관계에 대해서 알아 둔다.

### <표 1> '평상시와 다른' 근로자의 모습

-지각, **조퇴**, 결근이 잦다.
-쉰다는 연락 없이 **쉰다**(무단 결근을 **한다**).
-잔업, 휴일 출근이 **증가한다**.
-일의 능률이 저하된다. 사고력·판단력이 저하된다.
-업무의 결과가 좀처럼 나오지 **않는다**.
-보고나 **상담**, 직장에서 말이 없어진다(혹은 그 반대).
-표정에 활기가 없고 동작에도 기운이 **없다**(혹은 그 반대).
-부자연스러운 언동이 눈에 **띈다**.
-실수나 사고가 눈에 **띈다**.
-복장이 흐트러져 있거나 의복이 불결하다.

(2) '평상시와 다른' 근로자에 대한 **조기대응**

(가) '평상시와 **다른**' 근로자에 대해서 관리감독자는 직무상 적절한 대응을 할 필요가 있다. 단, 그 배후에 질병이 있는 경우가 적지 않기 때문에 질병이 없는 것을 확인할 필요가 있다.

(나) 관리감독자는 평상시와 다르다고 느낀 근로자에 대해서는 사내 **상담창구**, **보건관리자**, 산업보건의의 상담을 받게 할 필요가 있다. 산업보건의 등이 없는 사업장에서는 외부 전문가(직업환경의학 전문의, 정신건강의학과 전문의, 심리 상담사 등)를 **활용한다**.

(다) '평상시와 다른' 근로자에 대한 대응 순서는 <그림 1>과 같이 한다.

## <그림 1>  '평상시와 다른' 근로자에 대한 대응 흐름도

| | |
|---|---|
| 관심과 배려 | 평소부터 근로자를 잘 파악해 둔. |
| ⬇ | |
| 알아 챔 | 「평상시와 다른」 것을 재빨리 알아챈다. |
| ⬇ | |
| 대화 시도 | 주저하지 말고 말을 건넨다. |
| ⬇ | |
| 이야기를 듣는다 | 이야기를 잘 듣는다. |
| ⬇ | 비판을 피하고 결론을 서두르지 않는다.<br>프라이버시를 배려한다. 적절한 정보를 제공한다. |
| 연결한다 | 이상을 느낀다면 사내 상담창구나<br>보건관리자, 산업보건의 또는 사외 전문가에게 상담<br>및 진료를 의뢰한다. |

## 5.3 휴직자의 직장복귀 지원

(1) 관리감독자는 휴직자가 복귀할 때에 잘 적응할 수 있도록 복직자의 기분을 이해해 주려고 노력하는 마음을 갖는다.

(2) 복직자를 지원하는 데 있어서 관리감독자가 가져야 할 배려 내용이 <표 2>에 제시되었다.

<표 2> 복직자를 지원하기 위한 관리감독자의 배려

① 이전 일과 비교해 작업내용이 단순한 일을 노동시간에 알맞은 양만큼 준다.
② 작업의 진척상황이나 어려운 점이 없는지에 대해 말을 건네 꼼꼼하게 확인한다.
③ 근무상황이나 출퇴근 등에 대해서는 적절히 관리하고 특별 취급은 하지 않는다.
④ 복직자의 심리상태에는 변화가 있으므로 양호한 상태, 저하된 상태, 평균적인 상태인지를 파악해 보건관리자나 산업보건의와 상담하면서 회복상황을 이해한다.
⑤ 장기간에 걸친 정기적인 통원을 필요로 하는 경우에는 통원하는 것을 지지한다.
⑥ 의사가 처방해 준 약을 먹는 것에 대하여 부정적인 발언은 하지 않는다.
⑦ 다른 근로자에게 과도한 부담이 가지 않게 주의하고 복귀자를 대하는 방법이나 배려해야 할 점에 대해서도 미리 전달해 둔다.
⑧ 순조롭게 회복되고 있는 것처럼 보이는 경우에도 3~6개월 후에 다시 재발하는 경우도 있다.
⑨ 생각대로 원활하게 잘 되지 않는 경우도 많다. 자신 혼자서 떠맡으려 하지 말고 산업보건 직원이나 인사노무관리 직원과 제휴하는 것도 중요하다.

<참조 : 직무스트레스의 일반적 이해>

　직무스트레스를 일으키는 원인을 직무스트레스 요인, 직무스트레스에 의해 일어난 심리적, 생리적, 행동적 반응을 직무스트레스 반응이라고 한다.
　같은 직무스트레스 요인에 직면해도 직무스트레스 반응의 크기는 사람에 따라 크게 다르다. 그 주된 이유는 그 사람의 성격이나 행동양식, 근무경력, 자존심 등 개인적 요인의 차에 있기 때문이다. 직무스트레스 요인으로 인해 개인차가 있지만, 급성 스트레스 반응을 일으키고, 그것들이 해결되지 않고 지속되면 결국 질병을 일으킬 수 있다.

<그림 2> 직무스트레스 요인과 반응

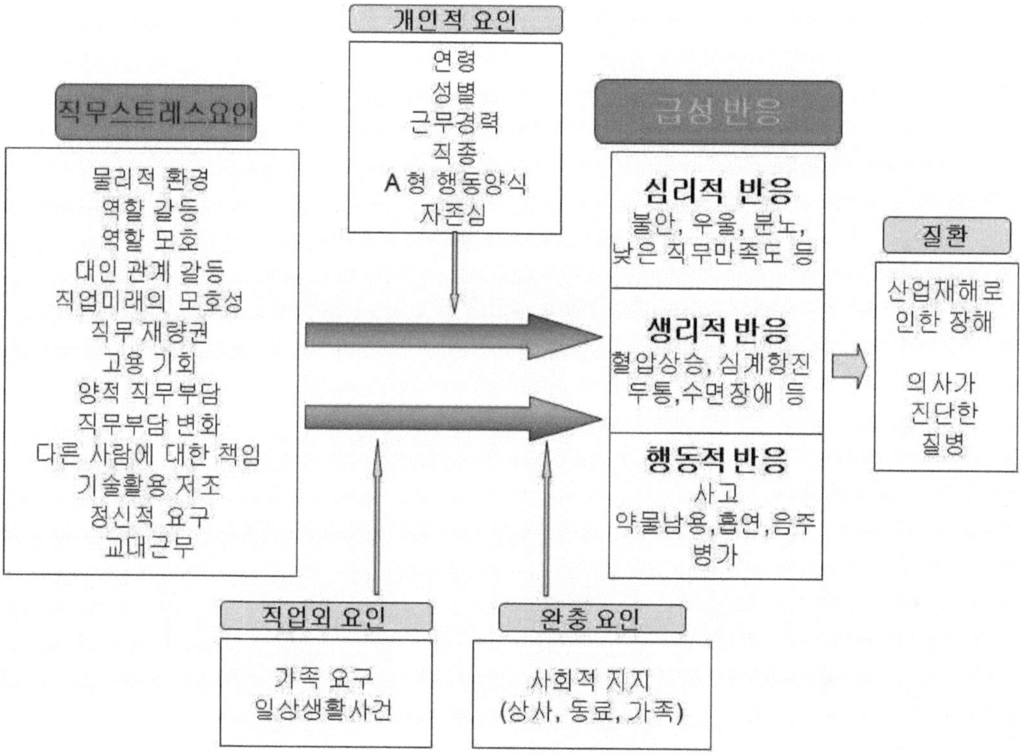

# <부록 3> 근로자의 우울증 예방을 위한 관리감독자용 지침
## KOSHA GUIDE H-37-2011

## 1. 목적

이 지침은 산업안전보건기준에 관한 규칙 제669조 "직무스트레스에 의한 건강 장해 예방 조치"에 의거 근로자의 우울증 예방을 위해 관리감독자에게 필요한 사항을 정함을 목적으로 한다.

## 2. 적용범위

이 지침은 관리감독자가 있는 모든 사업장에 적용한다.

## 3. 용어의 정의

(1) 이 지침에서 사용하는 용어의 정의는 다음과 같다.

(가) "관리감독자"라 함은 산업안전보건법 제16조에 언급된 경영조직에서 생산과 관련되는 업무와 그 소속 직원을 직접 지휘·감독하는 부서의 장 또는 그 직위를 담당하는 자를 말한다.

(2) 그 밖에 이 지침에서 사용하는 용어의 정의는 이 지침에 특별한 규정이 있는 경우를 제외하고는 산업안전보건법, 같은 법 시행령, 같은 법 시행규칙 및 안전보건규칙에서 정하는 바에 의한다.

# 4. 관리감독자의 예방 활동

근로자의 우울증 예방과 관리를 위하여 관리감독자는 일상관리, 조기발견과 조기대응 그리고 직장복귀 지원을 시행한다.

## 4.1 일상 관리

(1) 우울증 예방은 갑자기 하려고 한다고 해서 간단하게 되는 것이 아니므로, 평상시부터 근로자의 업무관리와 건강에 대한 배려가 중요하다.

(2) 일이나 직장의 여러 가지 기회를 바탕으로 근로자와 교류를 하고 근로자와 같이 의견을 교환하거나 상담을 하기 쉬운 관계, 일을 통한 신뢰관계를 만들어 두는 것이 필요하다(<표 1> 참조). 이러한 교류를 통해 근로자의 성격, 행동, 기타 특징을 파악하고 이들의 변화나 평상시와 달라진 점이 생기면 말을 걸어 이야기를 들어 볼 필요가 있다.

&lt;표 1&gt; 근로자와의 신뢰관계 형성

①근로자를 이해하고 필요한 사람으로 인정하는 것이 기본이다.
②근로자가 무엇이든 상담할 수 있고 의견을 말하기 쉬운 분위기를 만들도록 한다.
③일이나 미팅, 면담, 친목회 등을 통해 근로자의 이야기를 잘 들어주고 (경청), 여러 기회를 통해 근로자의 성격이나 생각을 이해해 둔다.
④근로자가 실수를 한 경우에도 일방적인 질책이나 인격을 모욕하는 듯한 말은 사용하지 말고 이유를 듣고, 향후의 대응을 생각해 도움을 줄 수 있도록 한다.
⑤자신이 직접 대응하는 것이 부적절하다고 생각되는 경우에는 근로자에게 중요한 사람(동료, 선배, 옛날 상사 등)을 매개로 대응을 시도한다.

## 4.2 우울증의 조기 발견 및 조기대응

(1) 관리감독자는 근로자가 평소와 다른 모습이나 행동 등을 보이면 <표 2>의 우울증과 관련된 체크항목 <표 3>을 확인한다.

**<표 2> 우울증의 조기증상 - 주위에서 알아차릴 수 있는 변화**
**(이전 상태와의 비교)**

①이전과 비교해 표정이 어둡고 힘이 없다.
②일의 능률 저하
③적극성과 결단력 저하
④평범한 실수나 사고가 증가(주의력 저하)
⑤지각, 결근, 조퇴의 증가
⑥주위 사람들과의 대화나 교류 감소
⑦여러 가지 신체증상(두통, 현기증, 권태감, 근육통, 관절통 등)의 호소 등

**<표 3> 우울증, 우울상태가 의심될 때의 체크 항목**

①최근 2주간 항상 우울한 느낌이 들거나 기분이 가라앉는다.
②최근 2주간 여러 가지 일에 흥미기 없어지거나 즐기고 싶지 않다.
③식욕이 감소 또는 증가했다. 의도하지 않았는데 체중이 감소 또는 증가했다.
④매일 밤잠을 잘 못 들고 밤중 또는 아침 일찍 눈이 뜨이거나 반대로 늦게까지 잔다.
⑤말이나 동작이 느려지고 불안 초조하여 진정이 안 되고 가만히 앉아 있을 수 없다.
⑥항상 피로를 느끼거나 기력이 없다고 느낀다.
⑦항상 자신이 가치가 없다고 느끼거나 또는 죄의식을 느낀다.
⑧항상 집중이 안 되거나 빨리 판단할 수 없다.
⑨자신에게 상처를 내거나 죽었으면 좋겠다라고 반복적으로 생각한다.

항목 ① 또는 ② 중 적어도 하나 이상을 포함하고 합계 5개 이상의 증상이 있으면 우울증이라고 추정할 수 있다. 이 조건을 만족하지 않아도 **해당하**는 항목이 많으면 **산업보건의**, 보건관리자 혹은 정신건강의학과 전문의와 상담해 보도록 권한다.

(2) 관리감독자가 우울증이 의심되는 사람에 대한 대응으로 권장할만한 내용은 <표 4>에 제시하였다.

(가) 관리감독자는 일상업무의 수행이 **곤란하거나**, 수면장해가 심한 **경우**, 신체증상이 심한 **경우**, 표정과 행동이 이전과 명백하게 달라진 경우 등에는 치료를 적극 권장한다(<표 4> 참조).

(나) 휴식이나 치료가 필요하다고 생각되는 경우는 본인이 편하게 쉴 수 있는 **환경**(혼자 사는 경우라면 가족과 함께 하는 등)을 만들어 충분한 기간 동안 쉬게 하는 것이 좋을 것이다.

### <표 4> 우울증, 우울상태에 있는 사람에 대한 대응 - 권장할만한 내용

**1. 권장할만한 내용**

①말을 걸어 우울증상<표3>이나 우울한 원인에 대해 듣는다.

②우울상태가 가볍고 일상적인 업무에서 비롯된 경우는 우울한 원인(예를 들면 업무의 부담, 인간관계 등)에 대해 필요하다면 근무 환경의 조정(업무량의 조정, 지원의 강화, 부서 이동 등)을 한다.

③근무환경 조정 후 근로자의 표정 및 행동 개선, 본인의 평가 등을 듣고 대책의 유효성을 검토한다.

④휴식이 필요하다고 생각되는 경우는 근로자가 편하게 **병가, 휴가,** 휴직을 사용할 수 있도록 환경 상황을 **조성한다.**

⑤대화의 시도나 상담에 대한 대응은 지체하지 않는다.

⑥치료가 필요한 경우에는 담당의사의 지시(복약, 치료기간)를 존중한다.

⑦중요한 결단(퇴직 등)은 병이 회복된 후 하도록 촉구한다.

2. 산업보건의, 간호사 등이 있는 사업장인 경우

①근로자의 이야기를 들은 후 산업보건의 또는 간호사와 상담할 것을 권유한다.

②관리감독자로서 어떠한 대응을 취하면 좋을지 산업보건의 또는 간호사와 상담한다.

3. 산업보건의, 간호사 등이 없는 사업장인 경우

①휴식과 치료가 필요한지 아닌지의 판단은 우울증의 증상이 심해 '일상 업무의 수행이 곤란하다', '수면장해가 계속되고 있다', '현기증이나 나른함 등의 신체증상이 심하다', '표정이나 행동이 이전과 명백하게 달라졌다' 등의 유무에 따라 판단한다.

②상기의 증상들이 보인다면 정신건강의학과나 지역 정신보건센터 등에 가서 상담하도록 권유한다.

4. 근로자가 진찰을 거부하는 경우에는 가족이나 선배, 동료 등 근로자에게 있어 중요한 인물을 통해 진료를 받도록 권유해 줄 것을 부탁 한다.

(3) 우울증이나 우울증으로 진행되는 우울증상이 있는 사람에 대한 대응으로 권장되지 않는 내용을 <표5>에 제시하였다.

(가) 우울상태로 활력이 떨어져 겨우 일을 하고 있는 상태의 사람에게 질책이나 비난은 금물이다. 그렇지 않아도 자기를 책망하는 경향이 강한데 질책이나 비난으로 인해 자기평가를 현저하게 떨어뜨리게 되면 더욱더 낙담하게 될 가능성이 있다.

(나) 무리한 격려는 하지 않는다. 또, 무리하게 운동이나 레저 등을 권하면 그 후 피로감이나 놀이가 끝나고 어려운 현실에 다시 직면하게 되었을 때 전보다 더 심한 우울감이 나타나 자살을 유발할 위험도 있다.

(다) 마음가짐이나 기분의 문제로 생각하여도 위안이 되지 않을 것이며 노력할 수 있는 상태라면 이미 하였을 것이다. 이때 필요한 것은 휴식과 전문가의 도움이다.

<표 5> 우울증, 우울상태인 사람에 대한 대응 - 권장되지 않는 내용

---

1. 꾸짖거나 비난하지 않는다.

'그래서 어쩔 거냐?', '언제까지 그런 말만 하고 있을 거야?'

'당신 처지를 알고 있기나 한거야?'


2. 무리한 격려는 하지 않는다.

'힘내 힘내서 극복해 봐'

'당신은 중요한 위치에 있고 많이 기대하고 있어'


3. 마음가짐이나 기분 문제로 하지 않는다.

'그런 것은 마음가짐이 문제다', '신경 안 쓰면 된다'

'기분전환을 해 봐'


4. 노력 문제로 하지 않는다.

'좀 더 열심히 해야지', '노력이 부족해'


5. 무리하게 행동을 촉구하지 않는다.

'운동을 해 봐', '여행을 해 보면 어때?'

'새로운 각오로 …해 보면 어때?'

---

(4) 사람에 따라서는 우울증이 심한 상태일 때 비관해서 일을 그만두는 사람이 있는데, 증상이 회복되면 생각이 달라지는 경우가 많으므로, 중요한 결단은 병이 회복되고 나서 하도록 할 필요가 있다.

(5) 우울증의 조기 증상이 있으면 먼저 말을 걸어 고민의 내용을 경청하는 것이 중요하다.

(6) 자살을 생각하고 있어도 처음부터 숨김없이 이야기할 것이라고는 단정할 수 없다. 따라서 상대가 이야기하고 싶어졌을 때 언제라도 들어 줄 준비가 되어 있다는 사인을 주어서 상담하기 쉬운 상황을 만들어 줄 필요가 있다.

(7) 실제로 자살을 생각하고 있는 경우도 '죽고 싶다'는 마음과 '살고 싶다'는 마음, 또 '상담하고 싶다'는 마음과 '상담해도 아무 소용없다'는 마음 사이에서 흔들리고 있는 경우가 대부분이다.

(8) 자살에 관한 마음을 이야기함으로써 조금 마음이 편해지고 생각이 유연해지는 경우도 있다. 따라서 우선 이야기를 듣고 상대가 '관리감독자라면 알아 줄지도 모른다', '잘 될지도 모른다'고 하는 신뢰감을 가지게 하는 것이 자살로 진행되는 것을 막을 수 있는 중요한 계기가 된다(<표 6> 참조).

### <표 6> 우울증이나 자살을 생각하고 있다고 의심되는 경우의 대응

1. 말을 건넨다(자신의 말투로)
예를 들면 : '피곤해 보이는데 어디 아픈 거 아닌지?'
'뭐 신경 쓰이는 일이 있으면 편하게 이야기해 봐?'

2. 물어도 대답해 주지 않는 경우
언제든지 들어 줄 테니까 혼자서 끌어안고 있지 말라고 하고 그 자리의 대화를 끝낸다.

3. 수일간 모습을 지켜보다가 역시 이전과 표정이나 행동이 달라져 있다면 다시 한 번 대화를 시도한다.

4. 본인의 이야기 내용과 표정 변화로부터 우울증이나 자살을 생각하고 있는 것이 의심되는 경우 산업보건의, 정신건강의학과, 의료기관, 지역 정신보건센터 등의 전문기관과 상담한다.

5. 관리감독자로서도 가능한 한 상담을 할 것이며 지원을 할 것이라는 것을 전달한다.

## 4.3 휴직자의 직장복귀 지원

(1) 병원에 입원 혹은 통원 치료 후 담당의사로부터 복직 허가가 난 단계에서 직업환경의학 전문의에게 업무적합성 평가를 받는 것이 필요하다.

(2) 복직 후 적어도 1개월간은 시간외 근무는 제한하고 일에 대한 적응, 몸의 회복상태를 봐 가면서 단계적으로 제한을 해제한다(단계적 복직).

(3) 복직 당시에 복직한 근로자는 복직에 대한 불안이나 주위 사람들에 대한 미안함 등 복잡한 감정이 있으므로 관리감독자나 동료의 정신적 지원이 중요하다. 그러나 특별히 과도한 대우는 하지 말고, 평상시처럼 대하는 것이 좋을 것이다.

<표 7> 병세의 회복과 복직 시의 배려

> 1. 병세가 회복되어 의사로부터 복직이 가능하다는 진단이 나온 단계에서는 본인과 면담 하여 복직의 조건(배치 전환이나 직무내용의 변경, 취업조건 등)에 대해서 이야기한다(재발하지 않게 하는 조건을 만드는 것이 중요).
>
> 2. 복직 후 당분간은 시간 외 노동이나 야근은 금지하고 회복상태를 보면서 통상의 근무로 돌아간다. 복직 후는 산업보건의 또는 간호사에 의한 정기적 면담, 관리감독자에 의한 업무상황, 정신건강상태의 파악 등의 지원을 한다.

# <부록 4> 인적오류 예방에 관한 인간공학적 안전보건관리 지침

KOSHA GUIDE G-96-2012

## 1. 목적

이 지침은 인적오류의 예방과 관련된 주요과제를 중심으로 인간공학적 원리를 산업안전보건관리에 적용하는데 필요한 지침을 정함을 목적으로 한다.

## 2. 적용범위

이 지침은 모든 사업장에 적용된다.

## 3. 용어의 정의

(1) 이 지침에서 사용하는 용어의 정의는 다음과 같다.

(가) "인간공학(ergonomics)"이라 함은 사람과 작업간의 "적합성"에 관한 과학을 말한다. 이는 사람을 최우선으로 놓고, 사람의 능력과 한계를 고려한다. 또한 인간공학은 작업, 정보 및 환경이 각 작업자에게 적합하도록 만드는 것을 추구한다.

(나) "인적오류(human error)"라 함은 부적절한 인간의 결정이나 행동으로 어떤 허용범위를 벗어난 바람직하지 못한 인간의 행위를 말한다. 인간의 오류는 크게 행동오류(action error)인 실수와 건망증, 생각오류(think error)인 착오, 의도적 오류인 위반으로 분류할 수 있다.

(다) "OJT(on-the-job training)"(이하 "OJT"라 한다)이라 함은 직장 내 훈련 또는 현장 훈련 등을 말하며 직무 중에 이루어지는 교육훈련을 의미한다.

(라) "인간기계체계(human-machine system)"라 함은 어떠한 환경 속에서 인간과 기계가 특정한 목적을 수행하기 위하여 결합된 집합체를 말한다.

(2) 그 밖의 용어의 정의는 이 지침에 특별히 규정하는 경우를 제외하고는 산업안전보건법, 같은 법 시행령, 같은 법 시행규칙 및 산업안전보건기준에 관한 규칙에서 정하는 바에 따른다.

## 4. 인적오류 예방에 관한 인간공학적 고려사항

(1) 인적오류와 안전보건의 관련성

(가) 인적오류는 누구에게나 발생될 수 있는 인간의 특성임을 인식해야 한다.

(나) 업무관련 사고와 질병의 예방을 위하여 사업장에서는 안전보건관리에 인적오류 예방을 위한 인간공학적 원리를 적용하여야 한다.

(다) 인적오류는 근로자와 작업간의 적합성 부족으로 발생되며 인적오류의 예방을 위해서는 잘못된 작업설계, 시간적 압박, 작업부담, 작업자 역량, 의사 소통체계(communication system) 등의 인적오류 발생 요인을 잘 관리하여야 한다.

(2) 작업관리상의 인간공학적 관점

(가) "평소에 업무를 잘 처리하는 근로자는 위험이나 응급 상황에서도 일을 잘 처리할 것이다"라고 판단해서는 안 된다.

(나) "근로자는 항상 정해진 위치에서 문제를 잘 감지하며, 문제발생 시 즉각적으로 적절한 조치를 취할 것이다"라고 생각해서는 안 된다.

(다) "근로자는 항상 정해진 절차에 따라 작업할 것이다"라고 판단해서는 안 된다.

(라) 작업관련 "사고예방 또는 위험제어 방법을 잘 몰라도 당해 직무에 잘 훈련된 근로자라면 모든 것을 잘 해결할 수 있다"라고 판단해서는 안 된다.

(마) "근로자에 대한 안전보건교육을 실시하는 것만으로 인적오류를 효과적으로 예방할 수 있다"라고 생각해서는 안 된다. 인간이 실수하더라도 사고로 이어지지 않는 작업환경 조성 등을 고려하여야 한다.

(바) "정상적인 근로자들은 항상 합리적인 행동을 하고, 의도 하지 않은 오류나 고의적인 위반을 하지 않을 것이다"라고 단정해서는 안 된다.

(사) 작업에 지나치게 간섭함으로써 근로자에게 역량집중을 위한 선택과 집중을 하지 못하게 해서는 안 된다.

(아) 정량적 위험성평가에 있어서 문서화된 근거자료에 의하지 않고 추측만으로 인적오류의 확률을 제시해서는 안 된다.

(3) 인간공학적 고려사항

(가) 인적오류는 인간의 자연스러운 특성으로서 사전 예측과 식별이 가능하며 근로자의 인적오류를 사전에 예방 및 관리할 수 있다는 것을 인식하여야 한다.

(나) 인적오류에 대한 관리는 안전보건관리시스템에 통합하여 체계적이고 적극적인 방법으로 실시하여야 한다.

(다) 잘못된 작업 설계는 인적오류의 근원적인 원인이 된다. 작업내용과 절차를 설계 하는데 당해 작업의 근로자들을 포함시켜야 한다.

(라) 전체적인 작업 또는 공정 중 어디에서 인적 오류가 발생될 수 있는지를 파악하기 위하여 사전에 위험성평가를 실시하여야 한다.

(마) 위험성평가를 통하여 근로자의 개인적 특성과 작업내용 및 작업환경 등을 중심으로 인적오류의 원인을 파악해야 한다. 위험성평가의 목적은 근로자가 왜 실수를 하였는지 실수할 가능성이 얼마나 있는지를 확인하는데 목적을 두어야 한다.


## 5. 작업절차에 관한 인간공학적 고려사항

(1) 작업절차 관리 주요내용

(가) 작업절차를 잘 관리하는 인적오류를 예방하는 가장 효율적인 방법이다 라는 것을 인식해야 한다.

(나) 모든 작업장에서는 작업절차에 대한 관리지침을 가지고 있어야 하며, 작업 절차에는 수행과제의 처리절차, 작업순서에 따른 세부 지침, 절차에 대한 갱신과 근로자들의 적응방법 등을 포함해야 한다.

(다) 작업절차 관리지침에는 안전보건상의 주요과제 수행을 위한 절차도 포함되어야 하며 작업장의 작업절차가 잘 구축되었는지를 점검하여야 한다.

(2) 인간공학적 고려사항

(가) 작업절차가 적합한 방법으로 이루어지고 있는지에 대한 위험성평가를 실시해야 한다. 위험성 평가를 통하여 작업절차를 개선하기 위한 정보를 파악 하여야 한다.

(나) 작업절차는 근로자의 역량을 고려하여 설계되어야 하며 작업절차와 근로자의 역량은 서로 상호 보완적 관계에 있어야 **한다**. 즉 작업절차는 근로자의 역량을 고려하여 설계되어야 **한다**.

(다) 작업절차 관리를 위한 시스템을 구축하고 세부적인 근로자 중심의 관리방법과 관리등급 등을 설정하여야 **한다**. 즉 근로자의 안전성과 **편리성**, 수행성 등을 고려하여 작업절차를 설계해야 **한다**.

(라) 작업절차는 목적에 부합되도록 하고 근로자의 **요구**(needs)와 과제, 직무, **환경**, 장비 등에 대한 위험성평가 결과를 작업절차에 반영해야 **한다**.

## 6. 안전보건교육에 관한 인간공학적 고려사항

(1) 안전보건교육 방향

(가) 안전보건교육은 근로자가 작업수행과 관련된 책임을 수행하고 안전보건기준에 따른 적합한 행동을 할 수 있도록 변화시키는데 목적을 두어야 **한다**.

(나) 안전보건교육은 기술과 **경험**, 그리고 지식의 결합과 **동기부여**, 안전한 작업 태도 등을 형성하여 근로자가 안전한 작업을 수행할 수 있도록 하여야 **한다**.

(다) 사업주는 근로자와 작업 간의 적합성이 지속적으로 유지되도록 하여야 하며, 안전보건교육 시 다음 사항을 고려하여야 **한다**.

① 근로자의 **신체적·인지적** 특성을 반영하지 못하는 작업내용

② 근로자와 작업간의 부적합의 원인이 되는 작업관련 내용 및 이와 관련된 안전보건 **내용**

③ 근로자가 작업을 수행하는데 불편하게 느끼거나 기피하는 **사항**

④ 새로운 기술, 환경, 공정 등의 변화와 관련된 **안전보건내용**

(2) 인간공학적 고려사항

(가) 근로자의 능력은 위험성평가에서 확인된 주요 책임과 **활동내용**, 수행 과제들과 연계되어야 **한다**.

(나) 근로자 능력개발을 위한 안전보건교육은 당해 직무수행에 관련된 전문적 내용에 모든 안전보건관련 내용을 동시에 포함하는 방향으로 확립되고 유지되어야 한다.

(다) 안전보건교육은 현장실습을 통하여 근로자의 안전에 대한 역량을 강화하는 방향으로 실시되어야 한다.

(라) 안전보건교육 내용에는 예측 가능한 작업 및 동작 조건, 간헐적이고 복잡한 활동, 긴급 및 위험상황, 유지 보수 등을 포함하여 고려하여야 한다.

(마) OJT는 위험성평가와 위험성평가 관련된 절차 및 통제방법들과 연계성을 가지고 운영되어야 한다.

(바) 교육훈련은 목적하는 기대치를 충족시킬 수 있다는 것이 인정되어야 하며, 요구하는 것을 해결할 수 있다는 것이 평가되고 기록되어야 한다.

(사) 작업수행과 관련된 자격들은 작업장의 위험요인과 위험에 적절하게 대응할 수 있어야 하고 작업장의 특성을 반영할 수 있는 내용의 것이어야 한다.

## 7. 인력배치에 관한 인간공학적 고려사항

(1) 인력배치와 안전보건의 관련성

(가) 안전보건 주요업무가 계획대로 완수되지 않거나 예정된 시간보다 지연되지 않도록 적절한 인력배치를 하여야 한다.

(나) 다음과 같은 경우에 인적오류의 원인이 되므로 적절한 인력배치 계획을 수립 추진해야 한다.

① 연장근무 및 휴일 근무 시

② 스트레스, 피로, 작업자 의사소통 부족 등의 경우

③ 고객들의 불만 증가, 납품소요시간 지연 등에 따른 심리적 부담이 증가되는 경우

(2) 인간공학적 고려사항

(가) 인력 배치 시 당해 작업 근로자의 의견을 반영하여야 한다.

(나) 인력 배치 시에는 작업절차가 안전하게 운용될 수 있도록 근로자의 작업능력과 기술적인 측면을 동시에 고려해야 한다.

(다) 근로자에게 업무에 필요한 지식과 기술들을 습득할 수 있는 충분한 인수인계 기간을 제공하여야 **한다.**

(라) 작업배치 시 연장 근무에 대한 안전작업 방법과 절차를 명시해야 **한다.**

(마) 다음과 같은 조치를 통하여 인적오류의 발생을 최소화하여야 **한다.**

① 인력배치 시 근로자 개인별 업무량과 숙련도에 대한 한계를 설정

② **물리적,** 정신적 업무량을 모두 고려하여 적절한 직무요구도를 설정

③ 근로자가 무엇을 **요구하는지,** 언제까지 작업 완료가 **가능한지,** 이런 업무를 실행하기 위해 어떤 정보가 필요한지에 대한 정확한 이해와 업무 분석을 실시

④ 근로자가 핵심 활동에 집중할 수 있도록 명확한 역할과 **책임,** 우선순위를 설정

(바) 인간기계체계 속에서 각각의 기능들이 인간에 의해 수행되어야 하는지 (수 **동적),** 시스템에 의해 수행되어야 하는지(자동적) 또는 인간-기계 조합으로 수행되는지를 결정해야 **한다.** 이러한 과정을 통하여 인간-기계의 최적화 결합을 창출해내야 **한다.**

## 8. 조직변화와 관련된 인간공학적 고려사항

(1) 기업은 목표 달성을 위하여 지속적인 혁신과 변화를 추구하게 되며 이와 관련된 조직의 변화는 새로운 안전보건상의 문제점을 야기할 수 있음으로 이와 관련된 인간공학적 대책을 수립 추진하여야 **한다.**

(2) 조직변화는 작업내용, **작업공정,** 작업절차와 **방법,** 책임과 **역할,** 작업환경 등의 변화를 가져오며 이러한 과정에서 근로자와 작업 간의 부적합이 **초래되지** 않도록 인간기계체계 측면에서의 안전보건관리계획을 **수립·추진하여야 한다.**

(3) 너무 많은 동시다발적인 변화는 작업자의 불안전 행동을 유발하는 **원인이** 되므로 이를 예방하기 위한 인간공학적 작업장 설계와 작업배치, 작업환경 **조성,** 안전보건교육 등을 실시하여야 **한다.**

(4) 조직변화에 수반되는 제안된 위험요인의 통제와 관련된 변화효과가 직간접적으로 검증 및 평가되고 피드백 되는지를 확인할 수 있어야 한다.

(5) 조직 변화에 따라 직접적으로 주어지는 위험요소와 변화의 과정에서 일어날 수 있는 위험요소에 대한 위험성 평가를 실시해야 한다.

(6) 변화의 전 과정에서 잠재되거나 숨겨진 안전보건상의 문제가 없는지를 점검하고 작업자와 자연스러운 상담을 통하여 확인해야 한다.

(7) 모든 주요 업무와 책임이 확인되어지고 성공적으로 새로운 조직에 이전되었는지를 확인해야 한다.

(8) 새로운 직무와 변경된 역할에 대한 안전보건교육과 지도를 실시하고 이행 여부를 감독함으로써 올바른 절차와 방법에 따라 작업이 수행되는지를 확인해야 한다.

(9) 조직변화가 없는 정적인 조직에서도 새로운 위험요인이 발생할 수 있음을 인식하여야 한다. 예를 들면 사업장 근로자의 고령화 현상, 조직문화의 변화, 리더십의 변화 등이 작업장의 안전보건에 영향을 미친다.

## 9. 작업장 의사소통에 관한 인간공학적 고려사항

(1) 의사소통의 중요성
(가) 구두 및 서면에 의한 의사소통은 안전을 유지하는데 매우 중요한 요소임을 인식하여야 한다.
(나) 작업장 내 동료들 간에 또는 다른 작업팀들 간에 작업수행, 유지보수, 비상시 행동 등에 대한 정보를 안전보건 정보를 효율적으로 공유할 수 있는 의사소통체계를 구축하여야 한다.

(다) 사업장의 모든 관계자들은 작업장 내의 위험요인을 관리할 수 있도록 위험요인에 대한 주요한 정보를 알 수 있어야 **한다.**

(2) 안전유지를 위한 인간공학적 **고려사항**

(가) 위험성평가를 실시할 때 누가 의사소통을 필요로 **하는지**, 그들이 **필요로** 하는 것은 무엇인지를 확인해야 **한다.**

(나) 효율적인 안전 의사소통을 위한 매체와 방법을 고려해야 **한다.**

(다) 근로자들이 작업을 수행하기 전에 위험요소에 대한 대화를 유도함으로써 위험요인에 주의를 촉구하고 인적오류를 사전에 예방하도록 **한다.**

(라) 의사소통 대상이 되는 외국인 근로자의 특성을 고려하여 적절한 언어와 용어를 사용하여야 **한다.**

(마) 작업과정에서 안전관련 중요한 내용과 작업 단계를 강조하고 **안전보건** 교육에 근로자가 관심을 가질 수 있도록 하여야 **한다.**

(바) 만약 전달하는 정보가 매우 중요할 때에는 전달효과를 높이기 위하여 2가지 이상의 **방법/매체를** 사용하여야 **한다.**

(사) 서명을 하였다고 의사소통이 잘 이루어졌다고 생각해서는 안 **된다.**

(아) 효율적인 의사소통을 위하여 체크리스트를 활용하는 것이 **바람직하다.**

(3) 인수인계와 관련된 인간공학적 **고려사항**

(가) 많은 위험지역에서 의사소통의 핵심적인 영역은 인수인계와 관련이 있음을 인식하여야 **한다.**

(나) 안전한 인수인계를 위하여 사업장에서는 고위험에 관한 인수인계 정보의 **확인,** 근로자의 의사소통 기술 개발 및 인수인계의 중요성 **강조,** 인수인계 절차의 확립 등을 실시하여야 **한다.**

(다) 인수인계는 서로 얼굴을 마주보고 실시되어야 **하며,** 인수인계자 쌍방의 책임하에 양방향으로 실시되어야 **한다.**

(라) 인수인계는 구두와 서면을 동시에 사용하여 인수자에게 필요한 정보에 대한 분석내용을 중심으로 충분한 시간을 가지고 이루어져야 **한다.**

(4) 작업허가시스템 운영에 관한 인간공학적 고려사항

(가) 작업허가는 작업장의 경영자 및 감독자와 근로자 사이의 안전을 확보하기 위한 효율적인 의사소통 방법임을 인식하여야 한다.

(나) 작업허가는 작업의 공백이나 중복이 없이 누가 무엇을 수행하는지에 대한 역할과 책임을 명확히 하고 위험요인에 대한 단계별 통제가 이루어지는 방향으로 운영되어야 한다.

(다) 작업허가 시스템과 작업허가 관련 절차에 관한 문서를 작성할 때에는 근로자의 안전에 관한 의견을 반영해야 한다.

(라) 동시 또는 상호 의존적으로 실시하는 업무에서는 관련 작업허가가 서로 연관성을 갖도록 하여 위험관리상의 사각지대가 발생하지 않도록 하여야 한다.

(마) 작업허가 시스템의 모든 근로자에게 안전에 관한 안전보건교육을 실시하고 작업허가 시스템과 관련되어있는 다른 사람들에게도 관련 정보를 제공해야 한다.


## 10. 작업장 설계에 관한 인간공학적 고려사항

(1) 작업장 설계의 중요성

(가) 작업장 설계는 근로자의 안전보건에 큰 영향을 미친다. 작업장 설계에는 작업통제, 작업장 및 작업설비의 배치 등이 포함되어야 한다.

(나) 작업장 설계 시 근로자의 실수로 인한 사고와 질병을 예방하기 위하여 근로자에 적합한 작업절차와 내용, 사용 장비, 작업배치 등을 고려하여야 한다.

(다) 근로자 개인과 전체 조직에 심각한 안전보건문제의 발생을 예방하기 위하여 인간공학적 원칙을 준수하여야 한다. 인간공학적 원리의 효과적인 적용으로 작업의 안전성과 생산성을 높일 수 있다.

(라) 작업장 설계 과정에서 인적 요소와 인간공학에 대한 고려가 이르면 이를수록 더 나은 결과가 될 가능성이 높아지며, 잘못된 설계는 많은 안전보건상의 문제를 야기시킨다는 것을 인식하여야 한다.

(2) 인간공학적 고려사항

(가) 작업장 설계 및 작업장비의 배치와 작업절차는 주요 인간 공학적 표준에 따라 설계되어야 한다.

(나) 작업장 설계 시 생산, 유지, 보수 및 시스템 지원 담당자 등 다양한 유형의 근로자의 의견을 적극 반영하여야 한다.

(라) 디자인은 근로자의 신체 크기, 강점, 지적 능력을 포함하는 근로자의 특성을 고려하여야 한다.

(마) 작업절차는 안전성과 운용성 및 유지관리에 적합하도록 설계되어야 한다.

(바) 비정상 또는 긴급을 요구하는 모든 예측 가능한 운영조건을 고려하여 설계하여야 한다.

(사) 근로자와 시스템 간의 상호작용을 고려하여 설계하여야 한다.

## 11. 피로 예방과 교대근무에 관한 인간공학적 고려사항

(1) 휴식과 회복시간, 업무 요구량 간의 균형을 상실한 부실한 교대근무의 설계는 피로, 사고, 부상 및 직업병의 발생 원인이 될 수 있음을 인식해야 한다.

(2) 피로는 일반적으로 근로자의 정신적 또는 신체적 능력의 감소를 가져오며, 인적오류를 유발하는 원인이 되므로 과도한 작업시간이나 부적절하게 설계된 교대근무 형태가 발생하지 않도록 하여야 한다.

(3) 피로는 느린 반응, 정보처리능력의 감소, 건망증, 무의식 행동, 지각능력 감소, 주의력 감소, 위험인식 결여, 오류 및 사고 유발, 질병, 상해, 생산성 감소를 초래하는 원인이 되므로 작업자 특성과 작업 간의 적합성을 고려한 안전보건관리계획을 수립 추진하여야 한다.

(4) 피로는 다음과 같은 측면에서 안전보건상의 부정적인 영향을 미침을 인식하여야 한다.

(가) 집중하고 명확한 판단 또는 정보를 받아 드리고 실행하기 어렵다.

(나) 주의력 또는 기억력의 저하를 **초래한다.**

(다) 근로자의 반응이 점점 느려져 작업 중에 위험이 **초래된다.**

(라) 반복되는 실수를 하게 **된다.**

(마) 피로하기 때문에 업무 중 잠시 동안 조는 경우가 **발생한다.**

(바) 업무에 대한 동기부여나 흥미가 떨어지게 **된다.**


(5) 피로는 어떤 다른 유형의 위험과 다름없이 관리되어야 **하며,** 피로의 위험을 과소평가해서는 안 **된다.**


(6) 사업주는 근로자의 의지에 반하는 잔업이나 특정한 회사 사정으로 발생하는 피로와 피로로 인한 위험요소를 관리하여야 **한다.**


(7) 근무 시간에 대한 변경 사항은 위험요소로 인식하고 평가하여야 **한다.**


(8) 작업을 상시 **모니터링하고,** 근무 **시간,** 연장근무와 교대근무의 제한을 설정하는 피로예방 시스템을 갖추어야 **한다.**


(9) 교대 작업의 위험을 평가하고 관리하는 계획적이고 체계적인 접근 방식은 근로자의 건강과 안전을 향상시켜야 **한다.**


(10) 많은 위험요인이 변화되는 작업일정(schedule) 설계와 관련이 있다. 작업 일정을 설계할 때는 교대근무의 위험을 평가하고 관리하는 것을 **고려해야** 한다.


## 12. 유지관리, 검사, 시험 등에 관련된 인간공학적 고려사항

(1) 유지관리, 검사, 시험의 중요성

(가) 유지관리, 검사와 시험(maintenance, inspection, testing : MIT)(이하 "유지관리 등"이라 **한다)과** 관련된 작업에는 많은 위험요인을 내포하고 있음을 인식해야 **한다.**

(나) 유지관리 등 작업에 있어서 아무리 잘 훈련되고 의욕적인 근로자에게도 인적오류는 발생될 수 있음으로 인적오류 예방을 위한 인간공학적 대책을 수립 추진하여야 **한다**.

(다) 유지관리 등 작업에서의 인적오류는 대부분 예측할 수 있고 확인되고 관리되어질 수 있음으로 위험성평가를 통하여 안전한 작업절차와 방법 등에 관한 작업지침을 **확립·운영하여야 한다**.


(2) 인간공학적 **고려사항**

(가) 유지관리 등 업무의 제반 활동을 위하여 각 담당자별로 역할과 책임을 부여하여야 **한다**.

(나) 관련 시설과 장비를 확인하기 위한 시스템을 **확보하고,** 유지관리 등 시스템에 그 관련 시설과 장비를 포함시켜야 **한다**.

(다) 유지관리 등 업무 담당 근로자의 능력을 보증할 수 **있고,** 유지관리 등 활동에 착수하고 있는 근로자의 능력을 확인하고 감독하는 시스템을 구축해야 **한다**.

(라) 유지관리 등 업무의 적절한 지시와 적절한 지원을 위한 절차를 **마련**하여야 **한다**.

(마) 유지관리 등 업무 시의 문제점에 대한 초기 징후을 찾아 관리하여야 **한다**(예, 큰 잔무 일, 초과하는 **수리시간,** 직원으로부터 부정적인 **피드백**).

(바) 일정한 점검표에 따라 유지관리가 정해진 절차에 따라 실시 되어야 **하고,** 인적오류로부터 발생하는 실수와 사고를 조사하고 시스템을 **개선해야 한다**.

(사) 유지관리 등 업무 수행 시 모든 직원 사이에 효과적인 의사소통을 보장하여야 **한다**.

(아) **시험,** 검사 및 증명 테스트를 위한 명확한 **통과/실패** 기준을 위한 **절차를** 갖추어야 **한다**.

(자) 유지관리 등 업무에 종사하는 근로자를 **작업설계, 작업분석, 작업절차** 제정 등에 참여시켜야 **한다**.

# 13. 안전문화 형성에 관한 인간공학적 고려사항

(1) 안전문화의 중요성

(가) 안전문화는 '우리가 여기서 일을 하는 방법'으로 이해되며, 작업장에서 근로자 행동과 성과에 영향을 미치게 됨을 인식하여야 한다.

(나) 안전문화는 안전관리시스템 등에 큰 영향을 미치며, 안전보건관련 제도나 시스템은 전체적으로 전 기업 문화의 기반을 형성한다.

(다) 안전문화 형성을 위하여 다음과 같은 사항들을 고려하여야 한다.
① 안전을 최우선으로 생각하는 경영방침과 리더십 유형
② 근로자의 자발적인 참여제도
③ 근로자의 교육훈련과 역량
④ 효율적 의사소통체계
⑤ 절차의 준수
⑥ 조직학습

(2) 인간공학적 고려사항

(가) 안전문화의 변화 과정은 장기적인 관점에서 추진하여야 한다.

(나) 안전문화 형성을 위해서는 우선 기존의 문화수준을 측정하는 것부터 시작해야 한다. 이것은 기존의 안전문화가 어떤 부분이 취약하고 개선이 필요한지를 알려주며, 안전문화형성을 위한 목표 설정에 도움을 준다.

(다) 안전문화 형성의 방향을 설정하기 위한 첫 번째 조치로써 근로자들에 대한 인적요인 조사를 체크리스트를 이용하여 실시하여야 한다

(라) 조직 내의 많은 요인들이 안전문화 형성에 영향을 미치며 안전문화의 형성을 위하여 <표1>과 관련된 사항들을 고려하여야 한다.

## <표1> 안전문화 형성에 영향을 미치는 요인들

| 문화<br>형성요인 | 경영방침, 제도, 시스템 | 경영자 활동(예시) |
|---|---|---|
| 가시적인<br>안전경영<br>방침 | -정기적 작업장 방문 및 안전보건 확인<br>-현장 근로자들과 안전문제 논의<br>-안전우선 방침 및 안전투자<br>-작업절차 위반에 대한 엄격한 조치<br>-절차위반 방지를 위한 시스템 개선 | -평상시 작업장 방문 시간 배정<br>-경영방침 솔선수범<br>-근로자 안전에 관심을 갖기(가정<br>안전 등 정보제공)<br>-넓은 안전관련 이슈에 관심 표명<br>-적극적인 안전행동 솔선수범 |
| 안전문제에<br>대한<br>근로자의<br>주도적<br>참여 | -안전보건에 폭넓은 근로자 참가 제도<br>-상담 시 법규 기준 이상의 조언<br>-안전정책과 목표설정,<br>-근로자의 사고/아차사고 조사 제도 | -안전경영 정책을 지지<br>-경영자 일일 현장 체험 근무<br>-안전 우수직원/부서 포상<br>-안전증진자에 대한 인센티브 등 |
| 노사간의<br>신뢰 | -안전증진을 위한 정기적 노사협의<br>-공정하고 안전한 문화 촉진<br>-경영방침에 근로자에 대한 존경과<br>신뢰를 표명 | -좋은 인간관계/ 모범적인 행동<br>-경영자의 약속을 철저히 준수<br>-모든 근로자에 대한 신뢰 구축 |
| 좋은<br>의사소통 | -명확하고 간결한 안전 인쇄물 제공<br>-날마다 최신 안전 이슈에 대한 간결한<br>정보 제공<br>-비공식적 안전 미팅을 통한 경청과<br>피드백 | -안전 주요 이슈를 제시하는 근로자<br>참가 격려<br>-의사소통 기술증진 특별훈련<br>-한 가지 이상의 의사소통 수단<br>보유 |
| 역량<br>있는<br>근로자 | -직무 및 안전보건 관련 좋은 역량보증<br>시스템 구축 | -정기적으로 자기 직무와 안전문<br>제에 기여한 근로자를 선발 |

# <표 2> 효과적인 의사소통을 위한 관리자 체크리스트

**[관리자는 좋은 의사소통을 위하여 다음 사항들을 점검한다.]**

| | |
|---|---|
| 1 | 관리자와 감독자는 정기적으로 근로자와 얼굴을 마주보고 안전에 대해 이야기 하는가? |
| 2 | 안전 정보 ( 포스터, 메모, 소식지, 대화 및 발표 등)에 다음사항을 고려하여 사용하는가?<br>-이해하기가 명확하고 쉬운가?.<br>-간결하고 핵심적인 내용인가?<br>-정기적으로 최신 정보로 교체되는가? |
| 3 | 근로자는 일에 지장을 주지 않으면서 적절하게 의사소통을 할 수 있는 시간을 가지고 있는가? |
| 4 | 의사소통에 장비(라디오, 인터콤, 사내 이메일)가 활용되는가?. |
| 5 | 대화는 일반적으로 작업장에서 소음으로 방해받지 않는가? |
| 6 | 근로자는 중요한 안전 정보가 받아들여지고 확실히 이해하고 있는가? |
| 7 | 근로자는 교대 작업 시 아래사항들을 고려하여 인수인계를 잘 하고 있는가?<br>-교대 시 인수인계를 할 시간이 항상 충분한가?<br>-직접적으로 업무교대시 작업장의 상태에 대해 이야기 하는가?.<br>-교대가 이루어질 때 서면으로 작성된 기록을 인계받는가? |
| 8 | 회사는 특별한 상황이나 긴급사항 시 전달체계가 잘 되어 있는가? |
| 9 | 근로자와 **계약자**, 근로자와 관리자와 같은 서로 다른 그룹 간에 서로서로 의사소통이 잘 이루어지고 있는가? |

<부록 5> 안전심리검사 문항(60문항)

## <u>OO사 협력사 일용 전문직 안전심리 진단 설문조사</u>

■ 본 설문조사는 OO사의 협력사 일용 전문직원의 안전심리를 진단하기 위해 실시합니다

■ 설문조사 결과는 향후 OO사와 협력회사의 **안전문화 수준 향상**을 위한 기초자료로 활용되며, 개인별 평가를 위한 목적으로 사용하지는 않습니다.

■ 설문에는 맞고 틀린 답은 없고, 결과에 대한 비밀이 보장되기 때문에 한 문항도 **빠짐없이** 솔직하게 응답해주시기 바랍니다.

■ 대답이 어렵거나 혼동되는 경우, 깊이 생각하지 말고 자신이 이해한 대로 응답하시면 됩니다.

주관부서 : _____

담 당 자 : _____

## 1. 안전심리 설문에 적합한 답변 항목에 √ 표를 해주십시오.
모두 60문항입니다.

| 번호 | 설문 문항 | 전혀 아니다 | 아니다 | 그저 그렇다 | 그렇다 | 매우 그렇다 |
|---|---|---|---|---|---|---|
| 1 | 작업 중 일어날 수 있는 사고위험요인을 잘 알고 있다. | | | | | |
| 2 | 조심하더라도 사고는 언제든지 일어날 수 있다. | | | | | |
| 3 | 스트레스 때문에 작업에 집중할 수가 없다. | | | | | |
| 4 | 주의사항을 자주 잊어버린다. | | | | | |
| 5 | 어떤 작업이더라도 안전절차를 준수한다. | | | | | |
| 6 | 나는 맡은 작업을 항상 정확하게 처리하려고 애쓴다. | | | | | |
| 7 | 이 사업장은 안전작업절차가 적절하다. | | | | | |
| 8 | 안전에 도움이 되는 정보를 많이 알고 있다. | | | | | |
| 9 | 안전규칙을 지키는 것이 모든 사람의 의무이다. | | | | | |
| 10 | 스트레스를 받으면 잘 헤어나지 못한다. | | | | | |
| 11 | 작업 중에 사소한 실수가 많다. | | | | | |
| 12 | 작업중이던 것이 안전하지 않으면 즉시 멈추고 수정한다. | | | | | |
| 13 | 나는 맡은 일을 잘한다는 소리를 자주 듣는다. | | | | | |
| 14 | 이 사업장은 작업 시 안전이 잘 고려되어 있다. | | | | | |
| 15 | 나는 작업 전 안전점검사항을 잘 알고 있다. | | | | | |
| 16 | 사고발생과 안전규정 준수는 관련이 없다. | | | | | |
| 17 | 화가 나면 자제하기가 힘들다. | | | | | |
| 18 | 나는 작업에 집중하기가 어렵다. | | | | | |
| 19 | 시간이 걸리더라도 안전하게 일한다. | | | | | |
| 20 | 나는 좀 위험하더라도 모험을 하는 편이다. | | | | | |

| 번호 | 설문 문항 | 전혀 아니다 | 아니다 | 그저 그렇다 | 그렇다 | 매우 그렇다 |
|---|---|---|---|---|---|---|
| 21 | 이 사업장은 부상이나 아차사고를 보고해도 불이익을 주지 않는다. | | | | | |
| 22 | 안전교육시에 적극적으로 참여한다. | | | | | |
| 23 | 안전규정은 일을 불편하게 한다. | | | | | |
| 24 | 나는 내 결점이 자꾸 신경쓰인다. | | | | | |
| 25 | 나는 작업이 지루할 때가 자주 있다. | | | | | |
| 26 | 나는 자발적으로 안전지침을 준수한다. | | | | | |
| 27 | 나는 안전보다도 재미있게 일하는 편이다. | | | | | |
| 28 | 바쁘면 감독자가 작업자의 안전하지 않은 행동에 눈 감아주기도 한다. | | | | | |
| 29 | 나는 내 작업의 안전사항을 잘 알고 있다. | | | | | |
| 30 | 안전보다 동료와의 관계가 더 중요하다. | | | | | |
| 31 | 나의 컴플렉스로 인해 주변 사람들과 친해지기 힘들다. | | | | | |
| 32 | 요즘 잠을 충분히 못 자는 것 같다. | | | | | |
| 33 | 작업을 할 때 나는 종종 다른 생각을 하기도 한다. | | | | | |
| 34 | 나는 차분히 일을 처리하는 것이 어렵다. | | | | | |
| 35 | 내가 하는 작업은 매우 복잡하다. | | | | | |
| 36 | 작업에 필요한 보호장비를 잘 알고 있다 | | | | | |
| 37 | 내가 하는 일은 개인적으로 가치가 있다. | | | | | |
| 38 | 세상 사람들은 대부분 나보다 더 행복한 것 같다. | | | | | |
| 39 | 요즘 몸이 편하지 않다. | | | | | |
| 40 | 나는 좀 덜렁대는 편이다. | | | | | |
| 41 | 나는 대체로 괜찮은 사람이라고 생각한다. | | | | | |
| 42 | 내가 하는 작업은 아주 위험하다. | | | | | |
| 43 | 나는 안전사고를 줄일 수 있는 교육을 충분히 받았다. | | | | | |
| 44 | 실수를 할 때면 이 일은 나에게 맞지 않는 것 같다는 생각이 든다. | | | | | |
| 45 | 몸이 자주 아프다. | | | | | |

| 번호 | 설문 문항 | 전혀 아니다 | 아니다 | 그저 그렇다 | 그렇다 | 매우 그렇다 |
|---|---|---|---|---|---|---|
| 46 | 나는 어떤 문제가 닥치더라도 잘 해결할 수 있다. | | | | | |
| 47 | 내가 하는 작업은 힘들고 어렵다 | | | | | |
| 48 | 나는 요즘 작업으로 인해 탈진된 느낌이다. | | | | | |
| 49 | 최근에 스트레스를 많이 받는다. | | | | | |
| 50 | 내가 시도하면 대개는 성공한다. | | | | | |
| 51 | 내가 하는 일은 주변 사람들에게 도움이 된다. | | | | | |
| 52 | 내가 일을 맡는 것은 거의 운에 달렸다. | | | | | |
| 53 | 아침에 일어나 일하러 가기가 힘들다 | | | | | |
| 54 | 나는 인생이 도박같다고 생각한다. | | | | | |
| 55 | 일을 해도 별로 만족스럽지가 않다. | | | | | |
| 56 | 성공은 노력에 달렸다. | | | | | |
| 57 | 주변에 믿고 의지할 만한 사람이 없다. | | | | | |
| 58 | 나는 내 마음을 바꿀 수 없다. | | | | | |
| 59 | 나는 행복한 삶을 살고 있다. | | | | | |
| 60 | 나는 내 현실에 대해 만족한다. | | | | | |

## 2. 응답자 기본 사항

■ 다음은 설문 응답자 기본 사항입니다.  자신에게 해당하는 것에 빠짐없이 마크(●) 해주시기  바랍니다.

| 근무지 | ○ A시    ○ B시    ○ C시    ○ D시    ○ 본사 |
|---|---|
| 협력<br>회사명 | ○ A사          ○ B사          ○ C사<br>○ E사          ○ F사          ○ G사<br>○ I사          ○ J사          ○ K사<br>○ M사          ○ O사<br>○ 기타(회사명:                              ) |
| 직 군 | ○ 사무      ○ 기계(용접)      ○ 전기/통신      ○ 화공<br>○ 건설(비계)  ○ 보통인부  ○ 청소/청경      ○ 시설 유지보수<br>○ 기타(                              ) |
| 연 령 | ○ 20대    ○ 30대    ○ 40대    ○ 50대    ○ 60대 이상 |
| 성 별 | ○ 남        ○ 여 |
| 경 력<br>(전체<br>경력) | ○ 15년 이상              ○ 10년 이상 ~ 15년 미만,<br>○ 5년 이상 ~ 10년 미만      ○ 1년 이상 ~ 5년 미만<br>○ 1년 미만 |

● 이상으로 안전심리 설문조사를 마치겠습니다. 한 문항도 빠짐없이 응답 하셨는지 확인 후 설문을 종료해 주시기 바랍니다. 감사합니다.

# <부록 6> 안전심리 관련 선행연구 조사

①사고 위험성을 줄이고 안전을 도모하기 위해 필요한 개인적 요인들을 검토한 결과, 안전수준을 높일 수 있는 변인들은 인지실패, 성실성, 직무스트레스, 안전통제신념, 정서적 안정성(이원영, 2006)과 안전지식, 안전신념, 안전행동(김직호, 2020)이 있다.

②김직호(2020)의 연구에서 안전지식, 안전신념, 안전행동은 집단수준의 공유된 신념에 해당하는 안전의식과 달리 개인적이며 교육과 훈련에 의해 변화가능한 안전과 관련한 개념인 안전몰입으로 수렴되었으며, 안전몰입은 안전분위기, 안전성향과 유의한 관계를 보이며, 안전분위기와 안전의식을 통제하고도 안전사고를 유의하게 설명하였다.

③이들 각각의 하위 요인들의 특성을 살펴보면, 인지실패는 인지기능의 고장으로 평상시에 아무 문제가 없다가도 과제 실행의 실수를 하게 하는 것(Martin, 1983)으로 안전행동과는 안전사고와 상관이 유의하였다(이원영, 2006).

④성실성은 성격 5요인 중 직무 수행을 유의하게 예측하는 대표적 요인으로서(Barrick & Mount, 1991), 열심히 일하고, 신중하고 철저하며 책임감과 계획성을 가지는 것을 말한다(이원영, 2006).

⑤스트레스는 운전사고(Guastello, 1991)뿐만 아니라 산업사고(Salminen, 1992)의 원인이 된다.

⑥통제신념은 자신의 노력으로 사고를 피할 수 있다는 내적 귀인신념과 노력해도 피할 수 없다는 외적 귀인신념에 관한 것으로 안전에 대한 외적통제신념을 가지는 경우 사고와 밀접한 관계를 보인다(박영호, 2000).

⑦정서적 안정성은 정서적으로 안정되고 평안한 것에 관한 것으로 정서적 안정성이 낮은 사람의 경우 더 많은 사고를 보고하는 것으로 나타났다(정재우, 2000).

⑧안전지식은 사고위험요인에 대한 지식이나 정보의 수준을 말하며 안전지식은 안전사고를 유의하게 예측하였다(김직호, 2020).

⑨안전신념은 안전규정과 절차를 지키는 것과 같이 안전행동을 실제 이행하려는 신념이나 자기 의지에 해당하는 것으로서 안전신념이 높은 경우 인지실패와 안전사고가 낮게 나타났다(김직호, 2020).

⑩안전행동은 규칙과 절차를 준수하는 것에 관한 요인으로서 안전사고와 유의미한 부적 상관을 보이며(김직호, 2020), 사고운전자를 유의하게 예측해주는 요인으로 나타났다(박영호, 2000).

⑪이러한 선행연구를 바탕으로 개인 차원의 요인으로 안전지식에 관한 인지요인, 안전신념과 일에 대한 의미감에 관한 동기요인, 스트레스로부터 자신의 정서를 조절하는 것에 관한 정서요인, 뇌기능과 신체 기능상의 상태를 포함하는 건강요인, 안전규범의 실천에 관한 행동요인, 타고나거나 오랜 경험을 통해 확립된 성격과 기질을 포함하는 성향요인을 안전심리 검사에 포함시켰다.

# &lt;부록 7&gt; 참고문헌

1. 김직호 (2020), 안전몰입 척도 개발 및 타당화. 박사학위논문.
가톨릭대학교.

2. 박창호, 강희양 (2011). 한국판 인지실패 질문지의 타당화.
한국심리학회지: 일반, 30(1), 341-355.

3. 박영호 (200이. 교통사고 운전자의 인적요인 분석- 버스운전자를
중심으로, 한국심리학회지: 산업 및 조직, 13(2), 75-90.

4. 안전보건공단. (2012). 무사고패밀리.
https://www.kosha.or.kr/kosha/data/mediaBankMain.do

5. 이범진, 박세영 (2013). 조직몰입의 매개효과와 안전 분위기의
조절효과, 한국심리학회지: 산업 및 조직, 26(4), 555-577.

6. 이원영 (2006). 안전행동 및 사고에 대한 성실성, 인지실패 및
직무스트레스의 상호작용. 한국심리학회지: 산업 및 조직, 19(3), 475-497.

7. 이종한, 이종구, 석동헌 (2011). 조직 안전풍토의 하위요인 확인 및
안전행동과의 관계한국심리학회:산업 및 조직, 24(3). 627-650.

8. 정재우 (2000). 안전수행 예측에서 성격특성의 역할: 철도사고사례.
한국심리학회지: 산업 및 조직, 13(1), 41-59.

9. Guastello, S. (1991).. Psychological variables related to transit safety.
Work and Stress, 5(1), 17-28.

10. Kalat, J. W., 김문수, 강영신, 고재홍, 박소현, 박형생, & 정윤경. (2017).
심리학개론/James W. Kalat 지음 ; 김문수 [외]옮김. 사회평론.

11. Martin, M. (1983). Cognitive failure- everyday and laboratory
performance. Bulletin of psychometric society, 21, 97-100.

12. Muchinsky, P. M., Culbertson, S. S., & 유태용. (2016). 산업 및
조직심리학/Paul M. Muchinsky ; Satoris S. Culbertson [공]지음 ; 유태용
옮김. 시그마프레스.

13. Neal, Ciiffin. (2006). A Study of the Lagged elationships Among
Safety Climate, Safety Motivation, Safety Behavio, and Accidents at the
Individual and Cioup Levels. Journal of applied psychology, 91(4), 946-953.

14. Salminen, S. (1992). Serious occupational accident from the victim's perspective. Psykologia, 27(2), 113-117.

15. 근로자의 우울증 예방을 위한 관리감독자용 지침(H-37-2011), 한국산업안전보건공단

16. 직무스트레스의 일상적인 관리를 위한 관리감독자용 지침(H-38-2011), 한국산업안전보건공단

17. 직무스트레스 자기관리를 위한 근로자용 지침(H-39-2011), 한국산업안전보건공단

18. 사업장 직무스트레스 예방 프로그램(H-40-20110, 한국산업안전보건공단

19. 피로도 평가 및 관리지침(H-91-2012), 한국산업안전보건공단

20. 인적에러 방지를 위한 안전가이드(G-120-2015), 한국산업안전보건공단

21. 인적오류 예방에 관한 인간공학적 안전보건 관리 지침(G-96-2012), 한국산업안전보건공단

22. 근로환경변화에 따른 직장인 정신건강 증진 연구, 서춘희, 2017, 한국산업안전보건공단 연구원

# 저자 프로필

## 김찍호 교수

· **소속**
 - 전) 경찰대학교 / 경찰인재개발원 외래교수
 - 현) 산업안전보건공단 겸임교수
 - 현) 한국안전심리코치협회 회장
 - 현) 한국전인상담문화원 원장

· **연구분야**
 - 비행청소년 및 가족상담 / 동기부여 코칭
 - 조직심리와 기업문화 / 정치심리학
 - 안전심리 · 안전심리코칭 · 안전심리부검
 - 경찰상담심리^갈등관리 및 협상심리

· **강의경력**
 - 2010년 ~ 현재  경찰대학교 / 경찰인재개발원 심리코칭 및 경찰상담심리
 - 2010년 ~ 현재  산업안전보건공단 안전심리코칭 강좌 강의
 - 2010년 ~ 현재  삼성전자 · LG전자 · 현대그룹 · 포스코 · 두산 · SK 등
   대기업 외 100여개 이상 기업 강의

· **경력및자격**
 - 한국코치협회KPC / NLP마스터
 - 경찰상담심리전문가 / 갈등조정 협상 전문가
 - 안전심리 및 안전심리코칭 전문가
 - 안전문화 및 위험성평가 전문가
 - 연세대 심리학과 · 카톨릭대학교 심리학 석 · 박사

# 안전심리 척도개발 및 사용자 매뉴얼

김직호 교수

인쇄  2024년  12월 01일
발행  2024년  12월 10일

발행인  이은선
발행처  반달뜨는 꽃섬 [서울시 송파구 삼전로 10길50, 203호]
연락처  010 2038 1112  E-MAIL  itokntok@naver.com

값 50000 원
93300

ISBN 979-11-91604-48-1

ISBN  979-11-91604-48-1 (93300)